U0365743

基于共享理念的
传统村落振兴实践

刘 悦 等 编著

中国建筑工业出版社

图书在版编目（CIP）数据

基于共享理念的传统村落振兴实践 / 刘悦等编著
. —北京：中国建筑工业出版社，2023.6
ISBN 978-7-112-28854-0

Ⅰ.①基… Ⅱ.①刘… Ⅲ.①村落—适应性—保护—
研究—中国②村落—经济发展—研究—中国 Ⅳ.
①K928.5

中国国家版本馆 CIP 数据核字（2023）第 112893 号

责任编辑：宋　凯　张智芊
责任校对：李辰馨

基于共享理念的传统村落振兴实践

刘　悦　等 编著

＊

中国建筑工业出版社出版、发行（北京海淀三里河路9号）
各地新华书店、建筑书店经销
华之逸品书装设计制版
临西县阅读时光印刷有限公司印刷

＊

开本：787毫米×1092毫米　1/16　印张：7½　字数：125千字
2023年9月第一版　　2023年9月第一次印刷
定价：**85.00** 元
ISBN 978-7-112-28854-0
（41095）

编 委 会

前　言

　　当前乡村振兴背景下的传统村落面临两难困境。就保护而言，传统村落是文化遗产，其景观演变往往会造成文化多样性、连续性和文化身份的丧失，因此，将村落视为一种遗产而对其进行保护有利于保留其文化景观、维护当代人的身份认同。就发展而言，传统村落首先是空间领地，与特定人群的日常生活和社会权益相关联，相比于将传统村落视为遗产，部分学者更支持把关注重点放在具体的地方权益上，认为传统村落应顺应社会发展而适当地改变其功能与形态。但在具体的乡村实践中，并非是对这两种视角二选一的问题，现行的遗产保护体系使静态的物质保护与动态的社会发展始终难以融合，因此亟须梳理相关理论，对比传统村落的不同保护方式，为当代传统村落的保护与发展出谋划策。

　　不论是静态的遗产保护，还是动态的村落发展，人始终是乡村的主体。相比城市，历史上的乡村多是内向的、利益主体单一的社会系统，是"皇权不下乡"的自治地带。1982年，《中华人民共和国宪法》确立了基于村民委员会的乡村自治，利益主体仍较为单一。近年来，在城乡协同、乡村振兴的背景下，旅游开发成为自然与人文资源丰富、区位条件较佳的传统村落的发展动力，随着乡村旅游业的发展，基于生态系统服务的新城乡关系逐渐建立，乡村提供的生态系统服务为城市居民提供了福祉。乡村的利益主体多元化，逐渐形成了外来资本、社会团体与本土社区相联合的多中心旅游开发模式。这一模式在不改变乡村土地性质的情况下，解决了资金短缺、专业运营等发展难题，备受地方政府的青睐。与此同时，城市资本与游客下乡也打破了村落原本的单一主体结构，传统村落的发展呈现出城乡多利益主体（Multi-Stakeholder）相互博弈的局面。

　　基于上述背景，在全国市长研修学院联合北京大学建筑与景观设计学院开展研究的基础上，本书对国际上的遗产保护方法进行系统梳理，指出当

今传统村落保护利用正在发生"以人为本"的理念转向：相比于单纯的物质保护，新政策支持下的传统村落保护与发展更关注当地居民的生活权益，以实现多元价值，为保护与发展的融合尝试新的可能性。而在具体实施中，乡村文化旅游业的快速发展促进了基于生态系统服务的新城乡关系的建立，由城乡多元主体共同参与的乡村旅游开发成为传统村落发展的可行路径。"以人为本"强调人的主体性，因此，本书通过利益相关者理论对乡村文化旅游开发中的利益主体关系及主导模式进行对比分析，并以安徽省黄山市西溪南村、江西省婺源县巡检司村为例，对共享共治型的传统村落振兴措施进行深入剖析，为我国传统村落的保护与发展提供经验借鉴。

目 录

第一章　# 研究背景与意义

◎ 研究背景

◎ 研究意义

◎ 研究框架

第一节　研究背景

一、政策背景：乡村振兴战略

2017年10月18日，党的十九大报告提出乡村振兴战略，并以产业兴旺、生态宜居、乡风文明、治理有效、生活富裕作为总要求。2018年，中共中央、国务院出台《中共中央　国务院关于实施乡村振兴战略的意见》，提出实施乡村振兴战略的目标任务：到2020年，乡村振兴取得重要进展，制度框架和政策体系基本形成；到2035年，乡村振兴取得决定性进展，农业农村现代化基本实现；到2050年，乡村全面振兴，农业强、农村美、农民富全面实现。同年印发《乡村振兴战略规划（2018—2022年）》，进一步明确乡村振兴的具体实施方案。2018年3月8日，中共中央总书记习近平参加十三届全国人大一次会议山东代表团审议时指出，要深刻认识实施乡村振兴战略的重要性和必要性，扎扎实实把乡村振兴战略实施好。习近平总书记在讲话中提出"五个振兴"的科学论断：即推动乡村产业振兴、乡村人才振兴、乡村文化振兴、乡村生态振兴、乡村组织振兴。这是总书记对实施乡村振兴战略目标和路径的明确指示，将极大推进乡村振兴工作。

2022年5月，中共中央办公厅、国务院办公厅印发《关于推进以县城为重要载体的城镇化建设的意见》，指出要推进县城基础设施向乡村延伸，县城公共服务向乡村覆盖，巩固拓展脱贫攻坚成果同乡村振兴有效衔接。随着一系列相关文件的出台，我国乡村进入了新的发展阶段。

二、市场背景：旅游导向型的传统村落振兴

当今，在城乡协同、乡村振兴的背景下，旅游开发成为自然本底良好、人文资源丰富、区位条件优良的传统村落的主要发展途径。"旅游导向"是指一个村落当前的商业活动以旅游驱动，商铺的顾客群体由当地居民转变为旅游者，面向旅游者的店铺比例很大，甚至超过面向本地居民的店铺数量，

商品的供给也超过当地居民的购买力。传统村落的旅游导向发展是当前较为有效且普遍的传统村落保护与利用的途径。但旅游是把双刃剑，相较于其他导向模式，旅游导向型传统村落面临的保护与发展的冲突更为激烈，特别是旅游发展使目的地"过度商业化"或"过分商业化"，给传统村落文化景观的传承带来了负面影响。联合国教科文组织在《濒危世界遗产名录》中明确将"旅游业迅速发展"作为可能导致遗产面临消失危险的因素之一。

三、社会背景：基层组织共建共享共治、以人为本的理念

2019年10月，党的十九届四中全会审议通过《中共中央关于坚持和完善中国特色社会主义制度、推进国家治理体系和治理能力现代化若干重大问题的决定》，明确提出"坚持和完善共建共治共享的社会治理制度，保持社会稳定、维护国家安全"的工作要求。这表明社会事务管理将朝着自上而下与自下而上途径相结合、多种社会主体共同参与的方式转变，这与当前公共政策研究倡导"多中心治理"（Polycentric governance）的理念相一致。城市建设领域已经开始了相关实践：北京、上海、深圳、武汉、成都等城市先后设立了社区规划师制度，探讨如何在自上而下的规划建设体系中嵌套自下而上的自主管理机制，更好地实现社区居民诉求。

中国乡村自古便具有自主管理的天然基因。历史上，中国乡村是以血缘氏族为纽带、以乡绅为核心的自主管理模式；新中国成立以来，宪法赋予乡村以集体所有制为基础的基层自治权力；而近40年以来，由于工业化和城市化的影响，我国传统村落普遍面临着基层组织能力丧失、乡村自治管理能力降低、城乡间贫富差距增大、农村的土地权属僵化、乡村文化面貌趋于雷同等问题。当前，传统村落新、老自主管理机制交叠，符合当代乡村实际状况的自主管理机制亟待完善，特别是面对发展与保护的矛盾诉求，许多传统村落的多元主体博弈未能形成对于遗产资源的统一保护和管理，而作为不断演化的文化景观与公共池塘资源，传统村落最重要的保护举措之一便是构建良性的管理机制。因此，当地村民与其他主体如何有效管理传统村落成为村落振兴的重要课题。人们逐渐认识到，传统村落既要借助特定外部变量的输入进行调节，让内外主体共同参与社区营建，促使乡村社区系统回到自组织发展状态，恢复系统平衡状态，更要注重传统村落保护中的"以人为

本"，即以当地社区为本，从当地人的生活实际需要和将来发展出发，制定出一套切实可行的方案。对一个地区的文化遗产保护，要从全面来看，不能仅从专业者的角度去考虑。因为文化遗产的保护其实最终是要通过全社会的力量来实现，并要由大多数的普通民众自觉自愿地来完成。

第二节　研究意义

本书的研究在理论与实践层面均具有重要意义（图1-1）：

1.理论层面，本书旨在推动新城乡关系下传统村落保护与发展的理论建设。本书较为系统地梳理了传统村落保护与利用的相关理论，并结合当今"以人为本"的理念发展，提倡活态遗产方法，将传统村落的保护从"文化遗产"视角拉回"日常场所"视角，不再刻意区分"保护"与"发展"，而是强调各主体持续参与传统村落景观的创造与维护的过程。而关于各项主体如何参与，则结合多利益主体理论，综合揭示不同利益主体模式的特征与作用，并提出发展共享共治型振兴模式、突出城乡多元主体共建传统村落的重要性。

2.实践层面，本书通过案例分析，对比了城乡多元主体的不同关系在村落发展方面的优势与不足。并以安徽省黄山市西溪南村、江西省婺源县巡检司村为例，因地制宜地探讨贴合我国国情的共享共治型传统村落振兴模式，融合自下而上的途径和自上而下的途径，兼顾各利益相关方的真实诉求与情感归属，为旅游导向型传统村落的保护与发展提供经验借鉴。

第三节　研究框架

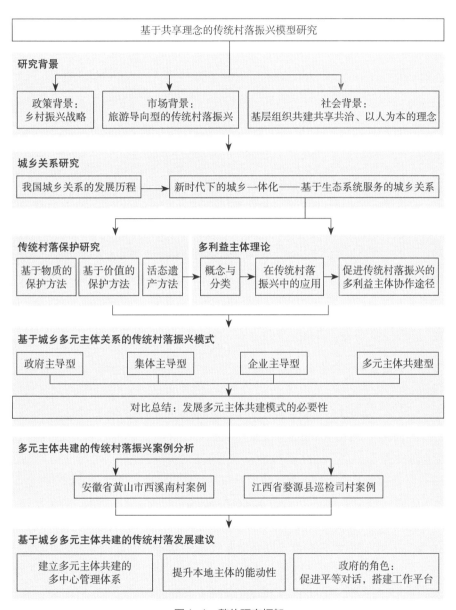

图1-1　整体研究框架

第二章 | 我国城乡关系的演变与新时代的城乡关系

◎ 我国城乡关系的发展历程

◎ 新时代下的城乡一体化

——基于生态系统服务的城乡关系

对我国乡村问题及乡村发展的分析不应该局限于乡村本身来讨论，而应结合城乡之间的关联进行综合分析。因此，在探讨传统村落的发展与保护之前，需认识我国城乡关系的发展历程，总结其经验与教训，结合城乡关系的现状问题，提出新时代下城乡融合的理念及策略，从而促进城乡多元主体共建。

第一节　我国城乡关系的发展历程

新中国成立以来，我国城乡关系经历了城乡分割、城乡互动、城乡统筹、城乡一体化及城乡融合等不同状态（图2-1），可分为以下三阶段进行分析：

1. 城乡分割：新中国成立初期与发展受挫期（1949—1977年）。

2. 城乡互动到城乡统筹：改革开放初期与中期（1978—2012年）。

3. 城乡一体化及城乡融合：改革开放后期、生态文明建设时期（2012年至今）。

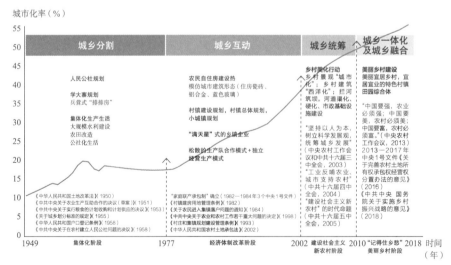

图2-1　我国城乡关系演变示意图

一、城乡分割：新中国成立初期与发展受挫期（1949—1977年）

（一）新中国成立初期（1949—1957年）

国民经济在此期间处于恢复期。1950年，中央人民政府颁布《中华人民共和国土地改革法》；1951年，中共中央发出《关于召开土产会议加强推销土产的指示》，加强城乡经济交流；1951年，公安部颁布《城市户口暂行管理条例》，对城乡人口流动持"放任自由"的原则；1953年底，中共中央发布《关于实行粮食的计划收购与计划供应的决议》，实行统购统销；1953—1957年，国家开始推动农业合作化，意图解决组织低效弊端。

这一时期城乡互通，乡村属于城市的原料基地。乡村总体变化不大，聚落保持传统风貌；农业景观从分散式形态逐步走向集约化形态；乡村自然环境尚佳。

（二）发展受挫期（1958—1977年）

温铁军指出，在当时的国内外环境下，为了实现资本增密、加快工业化进程，只能进行内向型积累，从乡村提取资源。因而国家对传统农业社会组织进行了改造，人民公社就是其结果。1955年后，我国工业化初步发展，但由于增加的工作机会有限，城市劳动力大量剩余。1958年，国家推出统购统销政策，加快农业集体化进程，城乡冲突加剧；同年，《中华人民共和国户口登记条例》正式发布，城乡二元户籍制度也正式建立。

这一时期，城乡二元分割，农民被限制在土地上，形成了"以农助工，以乡养城"的城乡关系格局，乡村成为城市闲散劳动力的安置场所。乡村聚落的传统风貌受到冲击；乡村文化遗产被大量摧毁；农业景观呈现集约化、刻板化形态，农民自发种植被严加控制；乡村自然环境在大炼钢铁中受到影响。

二、从城乡互动到城乡统筹：改革开放初期与中期（1978—2012年）

1978年，家庭联产承包责任制解放了农村的生产力，乡村活力逐渐恢

复。自此之后，乡村土地归集体所有的制度框架得到强化，"无偿申请，长期使用，限制流转"的宅基地使用权制度也被确立下来。1980年后，随着私营企业与乡镇企业的发展，城镇需要大量的劳动力，因此政府对人口流动的限制略微放松；加之1984年国务院发布《关于农民进入集镇落户问题的通知》，城乡之间的人口流动进一步加快，城乡二元户籍制度开始松动。

20世纪80年代末，"民工潮"逐渐形成，数千万农民涌向城镇"打工"，然而城乡差别并没有因此而显著减小，户籍管理制度中存在的问题仍不断突显。1997年，国务院批准了公安部《小城镇户籍管理制度改革试点方案和关于完善农村户籍管理制度的意见》，尝试打破城乡分隔体制。随着工业化进程的不断发展，国家于2006年废止《中华人民共和国农业税条例》，减轻了农民负担，开启了"工业反哺农业"的战略模式；2009年，为进一步阻止城市化进程对乡村的影响，确保粮食安全，国家推行耕地红线制度，严格管控优质耕地。

这一时期，城乡分隔被打破，乡村人口大量进入城市，乡村成为城市原料基地与劳动力输出基地，甚至在某些地方成为城市工业污染的转移地。乡村聚落形态混杂；出现以化石能源驱动、农药化肥滥用、利益最大化的农业景观；自然环境受到较大扰动，生态进一步恶化。

三、城乡一体化及城乡融合：改革开放后期、生态文明建设时期（2012年至今）

面对资源紧张、环境污染、生态退化的严峻形势，我国大力推进生态文明建设，促进可持续发展。2007年，党的十七大首次提出建设生态文明；2012年，党的十八大明确提出了大力推进生态文明建设的总体要求；2017年，党的十九大进一步提出加快生态文明体制改革，建设美丽中国的新目标、新任务、新举措。在此阶段，我国的城镇化率突破60%，城乡协同背景下乡村重新受到重视。针对农村居住品质问题，《中共中央关于制定国民经济和社会发展第十一个五年规划的建议》提出，启动"新农村建设"；针对农村人居环境脏乱差及生态恶化问题，国家提出《农村人居环境整治三年行动方案》与"美丽乡村"系列政策；针对乡村凋敝现象，国家提出《乡村振兴战略规划（2018—2022年）》；为了解放农村经济，发展多种经营模式，国家提出《关于完善农村土地所有权承包权经营权分置办法的意见》，实行土地所有权、承包权与经营权的三权分立；针对农村产业升级与供给侧改革，国家提出"特色小镇"与"农业综合体"建设。至此，生态文明建设时期的乡村振兴运动全面开展。

这一时期，城乡关系走向协同，城乡之间的资源配置与要素流动更加频繁。一方面，乡村的人口与资源仍然向城市流动；另一方面，部分发达城市或地区出现逆城镇化，资本、人才、技术逐步返乡或下乡。乡村的主体构成更加复杂，传统村落景观的保护与发展的冲突愈发明显。这个时代对乡村景观的发展提出了新的要求和方向：如发展适宜多元化主体、满足传统文化与现代功能统一的聚落景观；发展兼顾生态与经济效益的生产性农业景观；发展修复生态损伤的、高效管控的、可持续的自然景观等。

第二节　新时代下的城乡一体化
——基于生态系统服务的城乡关系

一、对传统城乡关系的认识与反思

在城镇化转型与生态文明建设的时代背景下，实现城乡绿色协同发展变得尤为重要。在快速的城镇化进程中，我国乡村与城市都面临着生态、社区和文化的综合问题。其中，乡村问题包括面源污染严重、青壮年劳动力向外迁移、产业发展滞后、社区活力度不足、文化振兴主体缺失、公众参与不足、管理机制残缺等；与此同时，城市也面临着生物多样性丧失、城市贫困、用地紧张、供水不足、食品价格上涨、"千城一面"、文化特色缺失等问题。城市与乡村是一个有机体，只有二者协同可持续发展，才能相互支撑。因此，在推进乡村振兴过程中，必须将乡村问题与城市问题统一考虑，寻求共同的解决之道，重视城乡之间的战略合作关系，将乡村振兴置于城乡一体化的目标中进行推进，并将破解城乡二元结构，建立城乡一体、城乡融合、城乡互促共进的体制机制作为实施乡村振兴的必要条件。

在传统的城乡关系中，城乡联系和乡村生态系统对城市发展的重要作用往往被忽视。在新的时代背景及新型城乡关系影响下，乡村需要被重新定

位，其价值也需要被重新认知。近年来，随着旅游业的发展，部分传统村落的生态和文化价值逐步凸显，迎来了快速发展的机会，乡村的生态系统服务（Ecosystem Service），包括支持服务、供给服务、调节服务、文化服务等越来越成为旅游发展的重点，而这些服务在当代中国城市中是贫乏的和低质量的。因此，区位条件优良、历史文化深厚、资源禀赋良好的传统村落应充分发挥其生态优势，将维护和改善乡村的生态系统服务及景观服务作为未来乡村管理和设计的核心目标。在生态文明建设时代和城乡一体化发展的大环境下，构建基于生态系统服务的新城乡关系，使乡村为来自城市的旅居者提供高品质生态系统服务，以满足其对美好生活的向往，使乡村的绿水青山和乡愁变现为"金山银山"，从而实现城乡健康协同发展。

二、基于生态系统服务的新城乡关系

基于生态系统服务的新城乡关系以生态系统服务与人类福祉的关系和需求理论为出发点，是在保护、可持续管理和修复乡村生态系统的前提下，通过生态系统服务连接城乡，通过设计使乡村为城市提供对人类生存和生活至关重要的、基于自然的、由人类管理的生态系统服务流，包括养分循环等支持服务，自然资源、农产品、生态空间等供给服务，气候调节、水质净化、土壤保持等调节服务，以及游憩、教育、美学等文化服务。城市居民在乡村中享受城市缺乏的生态系统服务，同时为乡村带来人口、财富、知识和活力，带动乡民共同致富，从而激励村民持续地、更好地提供这些服务，实现乡村振兴（图2-2）。

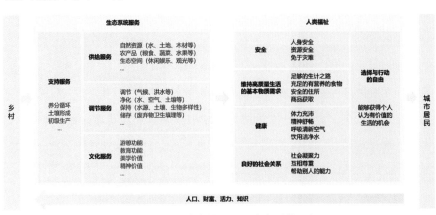

图2-2 新的城乡关系——生态系统服务

这种通过生态系统服务建立起的新城乡关系有利于进一步推动城乡融合发展。通过生态系统服务吸引城市资本下乡，参与乡村建设，增加城乡之间的资金流动，促进经济融合；推动乡村人口关注城市发展、城镇人口关注乡村建设，促进社会融合；城市人口在生态系统服务的吸引下到访乡村，带来消费等不同的观念，体验并带回乡村的生活理念，推动城乡之间的文化交流，促进文化融合。在城乡融合基础上，进一步缩小城乡发展差距，推动共同富裕。

实现这一新城乡关系也对利益相关方提出要求。乡村的生态系统服务为城市居民提供福祉，其关键在于生态系统服务的可持续供给和服务功能提升，因此需要利益相关方共同参与。在这一新城乡关系的建立与发展过程中，各利益主体扮演着不同的角色：村民是乡村的主体，城市居民的旅游和迁入为村民创造了新的就业和收入机会，包括重拾废弃农田、经营非物质文化遗产、发展特色民宿等；生态系统服务的盈利前景也将吸引企业加入，企业加入为乡村发展注入活力，通过市场手段帮助建设和改造乡村；政府利用行政手段介入乡村景观改造，在村落发展中起到重要推动作用；专家学者则具有较强的专业性，可以对乡村的可持续发展做出更为科学的指导。多利益主体共建合作网络，是实现乡村振兴与共同富裕的重要保障。

第三章 # 传统村落保护与发展的
理论梳理

◎ 传统村落保护与利用的理论

◎ 多利益主体理论

基于对传统村落保护与发展的理论梳理，我国传统村落振兴应向着基于多元价值的活态保护方向发展，这需要构建传统村落多元利益主体的良性协同框架。

第一节 传统村落保护与利用的理论

传统村落俗称古村落，是指具有历史价值、文化代表性和整体传承性的，富有物质和非物质文化遗产的较大聚落或多个聚落群体形成的自然村落和村庄区域。传统村落包括但不限于住房和城乡建设部等部门公布的"中国传统村落名录"和"中国历史文化名镇名村"，而是普遍存在的一类乡村。2012年，住房和城乡建设部、文化部、国家文物局、财政部联合发布《关于开展传统村落调查的通知》以来，我国已陆续开展6批中国传统村落的调查推荐工作，其遴选指标体系也逐渐完善。对于第一至第四批传统村落，我国制定了"传统村落建筑评价、村落选址和格局评价、村落承载的非物质文化遗产评价"三项评分标准。与此相比，第五批中国传统村落的遴选指标则进一步细化为"历史积淀、村域环境、格局风貌、传统建筑、民俗文化"5个一级指标和15个二级指标，兼顾了传统村落的历史、文化、科学、艺术社会及经济价值等方面。而在2022年开展的第六批传统村落调查推荐工作中，调查对象得到进一步完善，如在传统建筑方面增加"新建建筑和既有建筑能够与传统建筑风貌协调，充分体现地域、民族和文化特色"，在非物质文化遗产方面增加"较完整地保留了传统农业物种资源、农耕生产技艺、传统农业知识体系、农业生态景观等农业文化遗产"等。总体来看，遴选标准从最初的对历史遗产、历史文物的关注逐渐拓展为对活态遗产传承的重视，非物质文化遗产成为重要的评价维度，"人"的视角逐渐突出，物质空间与非物质文化充分融合，形成了评价村落价值的多维度认知标准。

中国传统村落遴选指标的变化侧面反映出对遗产保护认知的不断发展：从单一文物到历史街区、乡村、城镇，从文化遗产的文化景观到"日常场所"的文化景观，从有形文化遗产到无形文化遗产。不仅我国如此，国际上面对传统村落、历史街区等活态遗产的保护困境，其保护方法也经历了批判式发展的过程，形成了三种并存的遗产保护方法（表3-1），按出现的先后依次为：基于物质的保护方法（Material-based conservation）、基于价值的保护方法（Values-based conservation）以及活态遗产方法（Living heritage approach）。

不同遗产保护方法对比表　　　　　　　　　　表3-1

途径	价值来源	保护理念	可变性	应用对象	适用区域	决策方式	代表性章程	实例
基于物质的保护方法	物质要素和空间肌理	原真性完整性	物质要素不可变	化石遗产	西方地区	专家主导	《威尼斯宪章》《世界遗产公约》	世界遗产名录的遗产项目
基于价值的保护方法	物质要素、空间肌理和多元社会价值	原真性完整性地域性	物质要素不可变；功能可变	化石遗产；点状活态遗产（建筑等）；具有联想价值的活态遗产	非西方地区（尤其美洲）	专家主导，多方利益相关者参与	《布拉宪章》《布达佩斯宣言》	Getty保护研究所的一系列项目
活态遗产方法	核心社区与遗产地的联系	连续性	物质要素可变；功能、文化连续变化	活态遗产地（历史村落等）	全球	当地社区主导，专家与行政辅助	日本《景观法》《文化财产保护法》下的"重要传统建筑群保存地区"与"文化景观"保护制度	ICCROM生态遗产项目；日本的"历史保全型社区营造"实践

一、基于物质的保护方法

基于物质的保护方法，也称"传统的"保护方法，即人们熟知的"权威的遗产话语体系"。这种保护方法主要以专家驱动，极度重视物质要素和空间肌理。遗产界定与保护的责任全部掌握在遗产管理当局手中，由政府官员及保护专家负责，这一方法认为遗产的物质肌理具有历史和美学意义上的固有价值。为保护物质肌理，往往限制除专业人员之外的其他人（包括当地社区）使用遗产，因此在遗产和民众之间、过去和现在之间造成一道不连续性

的断层。

这种方法诞生于西欧语境下。促成这种保护原则形成的早期保护实践出现在19世纪和20世纪初，例如剑桥卡姆登学会、保护运动等。世界遗产体系正是基于这种保护原则发展而来，其中《威尼斯宪章》体现得最为充分。在19至20世纪的战乱、工业化等不稳定背景下，基于物质的保护方法起到抢救空间纪念物和保护历史建筑的作用。殖民时期，这种做法被移植到世界其他地方，殖民者以西方的视角审视非西方的本土社区和文化，导致当地的传统知识、管理系统和维护措施被废除，甚至将本土社区从遗产地移走。这些外部强加的保护措施破坏了本土社区与遗产的关系。

应用该方法的保护案例多见于世界遗产公约文化遗产名录，如我国海南省东方市江边乡白查村就是应用该方法的案例之一。白查村是一个黎族村落，由于黎族船形屋民居就当代居住标准来看太过于简陋，因此在当地政府和文物部门的主导下，在外围建设了新村，将村民整体迁出，仅留下空荡荡的房屋进行静态保护，打造成旅游景点。出于旅游和文化展示需要，部分村民每日像上班一样来老村制作手工艺品和兜售土特产（图3-1）。

图3-1　黎族船形屋民居

二、基于价值的保护方法

　　基于价值的保护方法，是由各方利益相关者共同赋予遗产价值。世界遗产体系尝试通过这种方法将本土社区和本土文化（一般是非西方地区）的视角融入保护之中。该方法以《布拉宪章》为基础，并应用在Getty保护研究所的项目中。

　　欧洲中心主义的世界遗产公约在非西方语境下常被误用，尤其出现了疏远遗产地原住民的现象，不利于保护遗产的原真性。文化景观作为不断再创造的社会过程，其场所价值并非固有，而是时代和当地社会所共同赋予的，涉及多个利益相关者。因此，对文化景观的保护便是自下而上不同利益主体逐步合流的过程。其一般模式是由利益相关者给出观点和立场，专家据此通过分析给出导则，进而由设计师给出解决方案。不同于基于物质的保护方法，基于价值的保护方法多应用于非西方社会，且当地社区能参与到保护过程。这一方法大大促进了本土社区与遗产地的精神联系和宗教联系，文化景观不再只是遗产价值，还包含着关乎过去、现在和未来的美学、历史、科学、经济、环境、社会等方面的多元价值。所以说，基于价值的保护方法核心在于不局限于遗产的物质要素和空间肌理本身，对遗产的保护也不再是像保护博物馆里的静态展品一样，隔绝了与当地社区的联系，而是要关注与当地社区互动中产生的多元社会价值，其保护理念是带有地域性的。

　　应用该方法的保护案例有Getty保护研究所的一系列项目以及应用历史城镇景观方法（Historical Urban Landscape，简称HUL方法）的相关案例，如澳大利亚的巴拉瑞特市（Ballarat）历史街区保护发展。巴拉瑞特是澳大利亚第三大城市，在19世纪淘金热潮时期发展起来。巴拉瑞特作为一个城市，有多种文化群体、社区共同居住。因此，在巴拉瑞特市政府的主导下，基于历史城镇景观方法，广泛收集当地居民、游客、专家等不同利益主体的意见与看法（图3-2），并制作成空间感知地图，明确不同场所的精神情感内涵与发展愿景。政府根据这个地图，协调遗产保护、文化身份认同与可持续发展之间的平衡。通过基于价值的保护方法，巴拉瑞特的城市街景不断演化，形成了历史与现代相交融的城市文化景观。

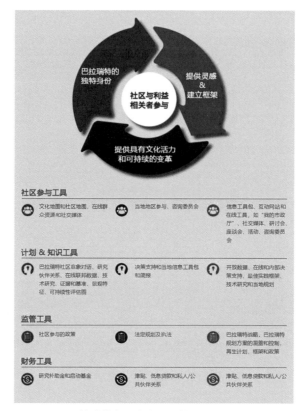

图3-2　巴拉瑞特市历史街区保护的HUL方法模式图

三、活态遗产方法

活态遗产方法是针对活态遗产地的方法。"活态遗产地"（The Living Heritage Site）由ICOMOS提出，是指在遗产内或外围的特定范围内有本土社区生活的遗产地。该方法强调"连续性"，并细分4层内涵（图3-3）：①遗产原功能的连续性；②本土社区与遗产地的人地关系的连续性；③本土社区持续使用传统知识来管理、维护遗产的连续性；④物质或非物质文化遗产等外在形式演变的连续性。不同于传统遗产保护的"原真性"原则，活态遗产方法允许物质肌理变化，认为活态文化景观的"原真性"源于核心社区作为文化主体持续参与文化景观的创造与维护过程。即便新的景观不符合欧洲中心主义的保护传统，但却是真实的。该方法将历史村落等活态文化景观的保护从"文化遗产"视角拉回"日常场所"视角，不再刻意区分"保护"与"发展"。

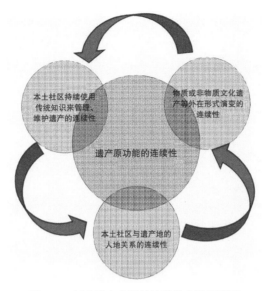

图3-3　活态遗产方法的连续性内涵示意图

应用该方法的相关案例有泰国帕府的卢克兰姆（Luk Lan MuangPhrae）等ICCROM生态遗产项目，以及日本的"街区保护型社区营造"实践，比如日本川越市历史街区一番街的社区营造。一番街以街道委员会为保护利用的主导者，类似于我国的街道办这样的基层自治组织。街道委员会主动联系相关学者，共同制定街区营造导则（图3-4）。不同于我国常见的自上而下的整体规划与一次性建造，川越市的房主基于街区营造导则自下而上地建造连续演化的街区景观，街道委员会一事一议地对每个建筑设计方案进行评议（图3-5）。这就类似于元胞自动机，有明确的个体行动规则，但没有确切的整体规划蓝图，行动主体根据其他行动主体的行为进行自主抉择，街道文化景观的发展愿景是开放的。最终一番街形成将当代建筑语言与传统建筑样式相结合的新建筑。如图3-6、图3-7所示，这两个建筑使用了现代的建筑材料，但采用了传统的前店后家、开放式门厅的建筑布局，并抽象地发展了屋檐等传统立面要素，虽然风格差异较大，但真实地记录了当代的社会人文状况，保证了文化景观作为历史文本的价值。

为发展基于生态系统服务的新城乡关系，本书针对旅游导向型的传统村落，提倡维护本土社区生活，以"活态遗产方法"保护并发展部分传统村落。在活态遗产方法中，多利益主体成为学界关注的重点。依据各利益群体与遗产地关系的紧密程度、功能连续性、维系过程连续性等，可将利益群体

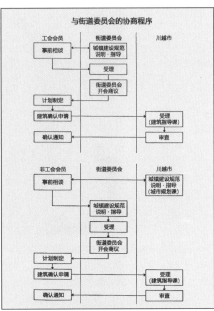

图3-4 一番街街区营造法则示例　　　　图3-5 街道委员会建筑审议程序

（图片来源：东京大学都市工学系图书馆，自行翻译）

图3-6 一番街新建筑之一　　　　图3-7 一番街新建筑之二

区分不同优先级，其中和场地关联最紧密的利益相关者被称为"核心群体"。为进一步明确各利益主体在传统村落保护与发展中的作用，本书又引入多利益主体理论来开展研究。

第二节　多利益主体理论

共建、共治、共享理念是我国社会建设与发展的重要战略思想，由共

同建设、共同治理、共同享有三方面相互联系而构成：共建的有效开展为
共享共治提供了必要前提；共治的建立为共建共享提供了可靠保障；而共
享则是共建与共治的目的。可持续的、多元发展的乡村振兴过程往往不是靠
政府单一主体主导，而是多利益主体，包括政府、村集体、企业、村民、专
家学者、NGO（非政府组织）等，在共建、共治、共享机制下实现共同富裕
的过程。将多利益主体理论引入基于共享理念的乡村振兴研究，有利于因地
制宜地探索多元主体的合作模式，结合市场经济的发展要求和政府的宏观调
控作用，融合自上而下和自下而上的管理方式，激发村民的主体意识。多元
主体优势互补、协作分工，保障了乡村振兴各主体的积极参与、资金的持续
投入和脱贫不返贫的有效发展。

一、多利益主体的概念与分类

利益主体理论（Stakeholder Theory）的雏形源于19世纪，是一种当时盛
行的合作理念。然而此后未能受到重视，直到1963年"利益主体"才再次
出现于管理领域——美国斯坦福研究所的一份备忘录中，用来指代"某些群
体，没有他们某些组织将无法存续"。随后弗里曼完善了利益主体理论，将
"利益主体"界定为任何可以影响目标实现或受目标实现所影响的群体或个
人。20世纪90年代中期，克拉克森基于"多维细分法"，依据利益相关者与
关注事务的联系紧密程度，划分首要利益相关者和次要利益相关者。此后，
威勒引入社会性维度，进一步将利益相关者划分为社会性利益相关者，即以
"人"的形式参与到利益博弈过程的利益相关者；以及非社会性利益相关者，
即不是通过"实际存在的具体人"的形式发生联系的利益相关者，比如自然
环境、人类后代、非人物种等。最终，威勒结合两个维度将所有利益相关者
分为四类：一级社会性利益相关者、一级非社会性利益相关者、二级社会
性利益相关者以及二级非社会性利益相关者（图3-8）。
一个主体之所以能够成为某个事项的利益相关者，需至少具有下述三种
属性之一：①合法性，具有该事项在法律、情感或推定上的所有权；②决定
性，有能力影响与该事项相关的决策；③紧急性，该主体对该事项的主张
是紧迫且重要的。利益相关者在博弈中可以行使四种不同类型的权力：强
制权、合法权、经济权和胜任权。强制权是指一个利益相关者有权组织其他

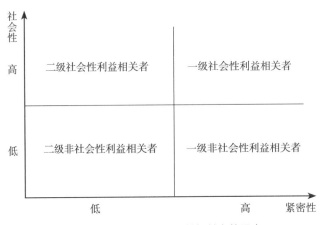

图3-8　威勒对于企业利益相关者的界定

利益相关者采取某些行动，通常来自具有政策制定和资源分配作用的政府和公共部门；合法权是指某些组织拥有规定其他利益相关者行为的合法权限，通常来自拥有权力的地方管理组织；经济权来自向其他利益相关者提供物质奖励的能力，这一利益相关者通常拥有大量的财务资源；胜任权是通过提供建议或策略来解决关键问题而在利益相关者合作中发挥力量，通常来自拥有相关知识的专家或设计师。

二、多利益主体理论在传统村落振兴中的应用

在乡村研究中，乡村多利益主体是指：直接参与到乡村建设与保护实践中，或受到乡村变化直接影响的群体。直接参与包括政策制定、环境改造建设以及投资运营等各种方式；直接影响包括文化旅游行为或对乡村带来经济推进等各种方式。

国内学者在借鉴国外研究与立足本土实践的基础上提出了一系列利益主体的分类方法，其中针对乡村建设的分类有：地方政府、村集体、资本方、村民；政府主体、市场（参与）主体与社会主体等。在这些主体划分中，村集体与村干部是比较特殊的存在，一方面是政策的执行者，是政府意志的体现；另一方面是村民利益的代表，是乡村建设的主体，因此学者们在不同的语境下将其分别划入政府主体或本地主体。

本书中传统村落振兴的多元利益主体是指社会性利益相关者，其中政府主体主要是指县、镇政府；外来主体主要分为外来企业和其他专业团体，

如专家学者、规划设计师等；当地主体指当地社区（村民）和村集体。在当下资源禀赋良好、旅游驱动的乡村中，多元利益主体的能动性是乡土聚落景观演变和传统村落振兴的核心驱动力之一，可以划分为能力与动机两个维度，但各利益主体的能动性存在较大差异和不平衡性。

其中，乡村建设能力中的决策权力差异表现在政府主体的强制权、本地主体的合法权、外来企业的经济权、专业团体的胜任权四个方面。强制权是指地方政府的政策制定与资源分配的行政执行力；合法权是指本地村民主体对资源拥有的合法权限；经济权是指外来投资者提供物质及财务投入的能力；胜任权是指专家学者具有知识能力，能通过提供建议等智力服务来参与乡村实践。

不同利益主体的动机差异表现为：①本地主体的目的虽然多样但终究是以乡村的生产生活为中心，以实用为根本目的，其核心诉求是更好的生活质量与居住品质；②政府主体的目的是政治、经济、文化的协同发展，其核心诉求是管控与整合资源，"搭台唱戏、筑巢引凤"；③外来企业的目的主要是商业投资及文化休闲享受，其核心诉求在于商业的高回报与文化旅游的良好体验，因此会抢占或打造乡村优质的景观资源；④专业团体的目的偏向文化研究与社会服务，其核心诉求更强调建立良好的可持续乡村机制。

本书将不同利益相关者具有的权益属性与权力归纳为表3-2与表3-3。对比两表可知，传统村落的各利益相关者应有的权益属性与可发挥的权力并不对等。特别是本地主体与传统村落有紧密的权益关系，但在博弈中能够行使的权力十分有限，呈失衡状态，常出现如下问题：①本地主体的权益被忽视，缺乏沟通平台，缺乏博弈能力；②政府主体具有强制权，自上而下的模式缺乏合议决策；③外来主体过度的资本化运作有可能对当地造成损害；④社会主体缺乏独立性，项目缺乏公众监督及有效参与。

多利益主体在传统村落保护利用中的属性表 表3-2

属性	利益相关者			
	政府主体（县、镇政府）	外来主体		本地主体（村民、村集体）
		外来企业	专业团体	
合法性	中	低	低	高
决定性	高	中	中	低
紧急性	中	高	中	高

多利益主体在传统村落保护利用中的权力表　　表3-3

权力	利益相关者			
	政府主体 （县、镇政府）	外来主体		本地主体 （村民、村集体）
		外来企业	专业团体	
强制权	高	低	低	中
合法权	高	低	中	中
经济权	中	高	低	低
胜任权	中	中	高	低

而在传统村落振兴过程中，土地利用问题成为多方利益相关者共同关注的问题。因为传统村落本身的复杂性，土地利用呈现出多功能的特征，多利益主体在传统村落振兴中的景观实践表现为对土地利用方式权利的争取，其本质是不同主体价值观的整合和博弈。

三、促进传统村落振兴的多利益主体协作途径

相关研究指出以下三种途径可促进传统村落振兴中的多元利益主体协作。

1.改进参与过程

具体的利益相关者参与过程包括数据收集、信息明确与表达、决策与评估等。数据收集如通过参与式地理信息系统（PGIS）法，基于地理信息系统进行参与，在前期结合专家的专业知识与公众的本地知识，完成参与式地图的测绘，优化数据收集与信息表达过程。常见的信息明确与表达的方法包括参与式情景规划、声音小组法等。在决策环节，现有研究或采用了焦点小组或研讨会的方式促进公众参与，或引入多准则决策模型（MCDA）、协作空间决策支持系统（C-SDSS）等，采用科学的模型促进合理决策。而现有研究中对评估环节的研究较少，亟待补充。

2.搭建交流平台

在搭建交流平台类的方法中，永久工作组将利益相关者纳入计划和决议平台，促进其正式或非正式参与，从而使利益主体具有更好的知情权与合议权，并建议利益相关者以不同的方式反复参与以提高影响力。而综合景观治理（ILI）则以集思广益和尊重兴趣的方式召集利益相关者，以解决景观管理的问题。有学者建议借鉴韩国世界文化传统村落河回村与良洞村的经验，

建立以村民为主体的、混合的管理委员会，同时包括政府代表、相关专家和其他利益相关者，实现村落内部多层级管理（图3-9）。

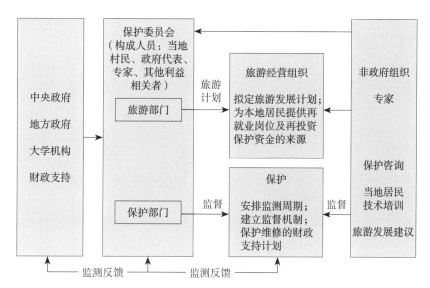

图3-9　以村民为主体的混合管理机构

3.制定相关政策

制定相关政策的方法一般由政府主导，通过权利下放到社区来鼓励公众或社区参与，促进协同治理。这一类的方法包括创建共享社区、创新所有者制度、建立联合管理社区等。这种政策性改革对传统村落的振兴也有一定借鉴意义。

本书以利益主体能够行使的权力和实施阶段为划分，将上述建议方法整理为表3-4。联系表3-3与表3-4可知，行使胜任权的专业团体，特别是规划设计师，在解决多利益主体产生的现有问题中发挥着重要作用，有利于协调其他主体的关系。在数据收集方面，行使强制权的政府是主要的数据提供者，但对于尚未收集或难以收集的数据，则需要在专业团体的主导下，协同其他主体共同收集或绘制；在信息明确与表达方面，专业团体可利用专业知识，通过可视化的方式表达信息，从而使得其他主体做出更为明确的选择；在决策方面，专业团体需明确影响传统村落振兴的要素、模拟预警等，从而促进多利益主体的参与和决策；而在评估方面，专业主体需从专业的角度进行项目总结，从而供评估方评估。综上所述，专业团体的加入在一定程度上缓解了各利益主体诉求表达不明确、受重视不平衡、部分主体被动参

与、参与度不足等问题。索泰等人提出旅游规划师应在旅游规划中起到协调多利益主体的核心作用（图3-10），平衡权益与权力间的失调。这意味着传统村落振兴中，规划设计师等专业团体需要改变自己的角色定位，从原本的蓝图制定者转变为协调多利益主体、拟合地方认同的组织者。

多利益主体参与景观实践的过程　　　　　　　　　　表3-4

传统村落保护利用		利益相关者			
措施	实施阶段	胜任权主体（政府等）	强制权主体（专业团体等）	合法权主体（本地社区等）	经济权主体（外来企业等）
搭建交流平台：永久工作组平台、综合景观治理举措等	数据收集	精读本底，提供现在没有的数据，如参与式地图绘制	提供已有的数据	共同参与	
	信息明确与表达	通过可视化进一步明确信息	对可视化后的信息进行选择		
	决策	明确影响景观的要素、景观驱动力等	共同参与，制定措施		
	评估	项目总结	参与评估内容的制定	绩效评估方	

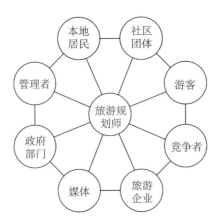

图3-10　旅游业利益主体示意图

　　综上所述，传统村落多元利益相关者的良性关系应该是竞合关系：一方面，每一个利益主体对传统村落都有诉求，但自身诉求会受到其他利益主体的约束，因此各利益主体会竞争更有利的话语权；另一方面，所有利益主体都需要相互配合才有可能实现诉求，否则就会成为负和博弈。在保障村民良好生活与环境可承载的基础上推动传统村落的健康演变，是基于生态系统服务的新城乡关系下传统村落振兴的重要目标。

第四章 | 基于城乡多元主体关系的
传统村落振兴模式

◎ 政府主导型

◎ 集体主导型

◎ 企业主导型

◎ 多元主体共建型

◎ 发展多元主体共建模式的必要性

以往的管理学研究认为，对于传统村落这样的公共池塘资源，只有完全的公有化或私有化，才能实现资源的可持续使用，否则很可能走向"公地危机"。受这样的思路影响，从20世纪90年代后期开始，遗产旅游地管理逐渐发展出两类观点："国家公园论（公有化）"发展思路和"经营权转移论（私有化）"思路。"国家公园论（公有化）"推崇公权力，即以国家公园模式管理保护世界遗产等旅游地；"经营权转移论（私有化）"则是强调所有权、管理权、经营权、监督权分离与制衡的"四权分离"模式，设立非盈利性管理机构负责基础设施和服务设施的建设与运营业务，将部分遗产地或遗产地非核心区的部分经营项目交由企业经营。虽然这些开发模式存在差异，但形成了一些原则共识，如遗产的公共性质与可持续性享用要求，以文化价值为导向，坚持遗产保护优先，表现恰当的社会公益性质等。

对于传统村落等遗产地保护开发模式的划分，国内已有相对成熟的研究。尽管叫法不一，但多是以政府、当地企业、外来企业等主导主体的不同为划分标准。就文化主体性而言，传统村落的保护利用首先划分为"内源式"与"外源式"两种基本类型。内源式振兴模式是以村集体、村委会为主导核心，其他主体相配合的自我保护开发模式；外源式振兴模式则以外来企业制度或各级地方政府为主导核心进行保护开发。此外，内源式与外源式相联合形成不同形式的"内外联合式开发"，即多中心主导，比如村民以其所有的古建筑租赁或入股，同时吸收社会资金入股的股份合作式开发形式。总体而言，目前常见的振兴模式有政府主导型、集体主导型、企业主导型、共享共治型（图4-1）。

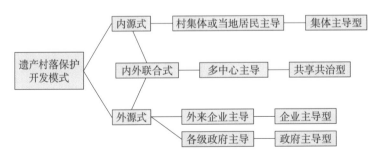

图4-1 我国传统村落保护利用模式分类

第一节　政府主导型

政府主导模式通常由乡镇及以上政府成立文化旅游小组或委托下属企业，通过政策、资金支持，对村落进行保护和开发，通过政策扶持和规划引领等方式引导村级组织参与其中，同时培育社会组织积极提供相关服务（图4-2）。在此过程中，政府和其他建设主体，统筹考虑乡村的自然条件、区位资源禀赋、经济发展水平和文化传承特色等环境要素，以保证所采取的建设模式与地方实际相匹配。这种自上而下的建设模式有力地促进了村落振兴工作的顺利开展，但因投资主体相对单一，未能充分发挥市场机制和社会力量作用，建设过程中往往存在社会资本参与不足、村民参与意识不强、财政资金效率不高等问题。

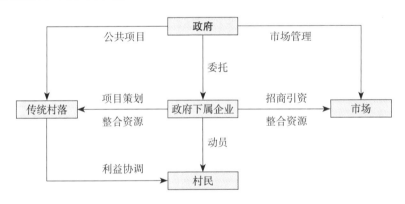

图4-2　政府下属旅游公司模式组织示意图

一、案例介绍——江苏省昆山市周庄

（一）名镇概况

周庄隶属江苏省昆山市，是一个具有900多年历史的古镇，于2003年入选第一批中国历史文化名镇。周庄四面环水，井字形河道纵横镇区，因水成街，傍水筑屋，依水成市。河、埠、桥、街、店、宅布局适宜，至今仍完整地保存着原有水乡建筑群体独特的格局，被誉为"集中国水乡之美"（图4-3）。

（a）

（b）

图4-3　周庄风貌

我国对传统村镇的保护，经历了从2003年对少量精品的历史文化名镇（村）评选，到2012年对传统村落更具普遍意义的调查、遴选与评定的发展过程。相比中国传统村落，中国历史文化名镇（村）的文化、艺术、社会、经济等多元价值往往更为突出，其多利益主体的合作模式通常也发展得更为成熟。因此，探讨本案例中的多元主体关系对于传统村落的共享共建与持续振兴具有借鉴意义。

（二）发展模式

周庄是国内古村镇旅游发展的先驱，其旅游开发模式属于典型的政府主导模式。自旅游开发之始，周庄即在乡镇一级政府的主导下进行发展，由政府选择具体的旅游业发展方式，主导确立制度格局和分配格局，编制旅游规划，并承担基础设施投入、旅游市场管理等任务；同时，成立江苏水乡周庄旅游股份有限公司作为市场化运作的主体，该公司的前身是由镇政府主导成立的乡镇三产企业，后成为政府控股的股份制企业，负责景区的管理和对外的营销宣传，配合政府开展工作。

在制度约定上，政府占绝对主导地位。村委会作为社区自治组织的代表，基本上是政府意愿的执行者。村民主要受政府管辖，并较为被动地与政府约定制度安排。在具体制度上，政府和村民间的安排是不对等的，政府通过约束村民直接或间接获益，但村民并没有因为受到约束而获得专项的经济补偿。其他（中小型）旅游经营者，由政府引入、受政府规制，其选择权和控制权都归政府所有。

（三）政府主导型发展模式的优势与不足

周庄"政企不分"的旅游业发展模式是周庄旅游成功的"法宝"。在这种政府主导型模式中，政府是利益相关者群体中的绝对主导力量，其他利益主体（除旅游者外）均或多或少地与政府"被动"地约定协议，并"被动"地接受协议的更改，而这些协议往往并不对等。在整个模式的推进过程中，政府的主导性地位有利于集中资源达成发展目标。但是，这样的模式也必然导致一些问题，主要表现在四个方面：

1.地方财政压力过大，社会资本参与不足

政府主导型模式中，在乡村建设的资金投入方面，政府的主体地位尤

其凸显，然而一个乡村的振兴建设全过程单纯依靠政府财政投入是远远不足的，即使是在经济条件比较好的地区，依靠村民自筹的难度也比较大，由此会对地方政府造成较大的财政压力。然而，由于政府主导性太强，社会资本参与渠道不畅，参与过程的比重和利益分配也不明确，导致工商企业和社会组织往往处于观望乃至回避状态，形成"强政府—弱市场—弱社会"的格局。

2.村民主体参与不足

传统村落建设的最终目的是改善民生福祉，但村民作为最直接和最终的受益者，参与意愿往往不足。一方面是部分村落以打工经济为主，留守村民多是老人、妇女和儿童，文化程度不高，直接参与村落建设的水平和能力有限；另一方面是地方政府受到人力、物力和财力不足的限制，同时又面临着量化的政绩考核压力，在村落建设的规划和建设阶段往往要求比较粗放，或流于形式，甚至完全缺失，致使当地村民的实际需求与规划目标相脱节，村民看不到实际的利益，从而导致自发性与积极性不足，进而引发村民不参与、不配合，甚至进行消极抵抗的行为。

3.财政资金效率不高并可能引发新的不公

在政府主导型的村落建设中，区位优势好、资源禀赋佳、经济较发达的村落只需要较少投入即可显现出明显的建设效果，成为"马太效应"的受益者；而基础设施不佳、所需投入较高或建设周期较长的村落，则往往存在投入不足的问题，因而会产生村落之间资源分配不公。此外，项目进村之后，村落中的部分精英，存在着利用信息优势或者自身的经济和社会影响，借助建设项目谋取私利的倾向，这会进一步加大村域内的不公平，引发潜在的社会矛盾。

二、小结

综合来看，政府主导型传统村落振兴模式中政府主导有余、其他主体参与不足，整体建设过度依赖财政资金和行政动员，其持续性和有效性均面临挑战。而涉及多个要素的乡村振兴建设工作，是一项具有长期性、复杂性和多目标性的系统工程，理应协同多元主体的优势，切实破解政府单一强主导模式下存在的资源投入不足、效率不高、缺乏可持续性的内生力量等问题，聚合多方资源，健全政府、自治组织、村民、社会力量和企业等多元主体协同的激励机制，推进共同参与，实现乡村建设的稳步推进。

第二节　集体主导型

集体主导模式目前是传统村落保护利用所特有的，其制度基础是我国农村土地的集体所有制和发端于20世纪90年代的农村民主自治制度。通常由村集体对旅游的开发、经营与管理模式进行总体调控，村集体与村民共同受益，该模式由直接代表村民利益的基层村集体主导，地方政府、外来投资者等其他主体辅助参与。村支书兼任景区企业领导，企业员工以本村村民为主（图4-4）。该模式有利于尊重村民诉求，维护村民利益，但通常存在专业程度较低、经济抵御风险能力不强、管理错位失位等问题。

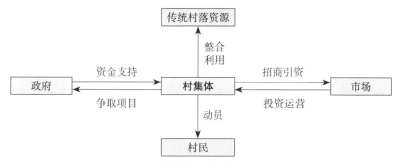

图4-4　集体主导模式组织示意图

一、案例介绍——北京市门头沟区爨底下村

（一）村落概况

爨底下村是北京市门头沟区斋堂镇所属的一个自然村。始建于明代，至今已有400余年历史，是一座以农业为主、农耕结合、耕读结合的古村落。历史上它是京城连接边关的军事要道，也是通往河北、山西、内蒙古一带的必经之路。目前，爨底下村拥有我国保存较为完整的、在北方地区罕见的山村古建筑群，具有历史、艺术、建筑、考古、旅游、社会文化价值，是古村落发展史上的"活化石"。爨底下村如今是市级文物保护单位、中国最具旅游价值古村落和首批中国历史文化名村（图4-5）。

图4-5　爨底下村鸟瞰

（二）发展模式

爨底下村经过几十年来的旅游开发，摸索建立了一套独具特色的社区集体主导的发展模式，主要表现在村落发展的控制管理权和经营收益模式方面。

在控制管理权方面，村集体主导的旅游发展模式中村集体对旅游发展拥有决定的控制权力。爨底下村的管理权由斋堂镇政府掌握，日常管理工作交由爨底下村村委会执行。开发权集中在村委会与村民手中。统一的管理权有助于村落资源的统一调配以及集体所得利益的分配。由于村集体是村里的最高权力机构，开发的主导权是利益相关的村民，从而保证了爨底下村的开发是一种有控制的、小规模的、全民参与的发展，同时严格限制开发商的参与程度。

在经营收益模式方面，爨底下村现有的经营模式是"集体统一经营＋农户分散经营"的自主经营模式，村落在旅游发展伊始就特别重视社区参与，把全体农户从旅游开发中受益作为发展当地旅游产业的最主要目标。如今，村落的盈利能力主要体现在景区门票、开办农家乐和出售土特产品3个方面（图4-6、图4-7）。其中，作为旅游景区，村集体的收入主要是门票收入和出售土特产品。农户收入主要依靠个体旅游接待、开办农家乐活动的方式。

爨底下村大多数农户如今为旅游接待户，有的村民还承担司机、导游、景区巡视、护山养林等工作，直接从旅游业自主经营中受益。集体和个人两者结合的收益模式，体现了爨底下村相对公平的收入分配机制。

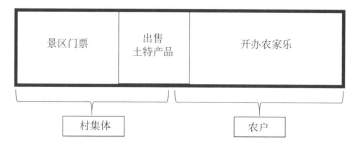

图4-6　爨底下村"三合一"盈利模式

图4-7　爨底下村农家乐

（图片来源：欧阳文婷等，2017）

（三）集体主导型发展模式的优势与不足

在以爨底下村为代表的村集体主导的乡村旅游发展模式当中，村集体对乡村发展的模式、管理体制、村民参与方式等都起到总体调控作用，同时由于村民直接参与经营，这种垂直管理和社区控制对旅游开发起到了积极的作用，村民作为最切身的利益相关者承担主导作用，也防止了大规模统一开发带来的消极效应；另一方面，村民之间能够共享发展成果，这种利益共

享机制也促进了"新村民"以及村民之间的社会关系和谐。然而，因为村集体强力的主导作用，此模式也存在很多明显的问题，主要表现在：

1.专业程度较低，影响村落持久发展和产业品质

由于村民集体文化水平和专业度相对较低，缺乏对村落自身价值和长远发展的认知。规划和建设过程中在艺术审美上要求粗放，大量游客的来访使村民看到巨大的经济利益，在自身接待空间受到约束的情况下，往往会修建新的房屋或临时搭建构筑物以满足接待游客需要。新的建筑位置和风格缺乏专业考量，会破坏原本和谐的建筑景观（图4-8），从而会破坏整体村落的艺术价值。

图4-8　爨底下村新旧建筑交融

2.本地化意识薄弱，经济抵御风险能力不强

村民集体往往追求短期利益，缺乏长远视角，急于求成，会导致本地化意识薄弱，产业失衡，抵御风险能力不强。发展旅游产业使爨底下村得到巨大经济收益，从而投入更大的资源和精力开发旅游服务，如今村落的大多居民都在进行旅游服务相关的工作，旅游业已成为村落的唯一强势产业。这种"全民皆旅"的现象导致村落基础劳动力不足，原有的农产品种植和牲畜养殖产业几乎消失殆尽，无法支撑村落自产自销的经营模式。甚至旅游旺季之时，村落售卖的土特产品及村民供自己生活的蔬菜、肉类、果品等也需要从外面采购。对旅游业过分依赖，一旦旅游业出现问题或滑坡，将使村民的收入急速下降，基本生活也将失去保障。

3.人情往来复杂，存在管理错位、失位的问题

村落作为一种"熟人社会"，村集体领导和村民之间拥有着复杂的社会关系，必然会导致管理错位、失位和人情关系的问题。爨底下村的旅游开发受到区政府各相关部门的监督，然而其直接管理者依旧为村委会，由于村委会和村民之间错综复杂的关系，在村落发展过程中往往会存在管理不到位的问题。比如，村民自家成立旅游接待户要受到卫生部门的监督，而卫生部门所制定的标准中要求农家乐接待户的厨房贴有瓷砖，于是村民利用厨房改造之机建新房。面对这种情况村委会不好管理，一方面因为村民有厨房改造的理由；另一方面也碍于乡亲之情得过且过。长时期的管理不当会导致传统村落的价值成为村民谋求个体生活条件改善的牺牲品，且人情关系带来的便利性也会使村民丧失谋求发展的动力，从而无法使村落达到持久的发展。

二、小结

综合来看，集体主导型传统村落振兴模式中村民集体掌握较高的主动权和管理权，村民具有直接收益，从而村民参与度较高。然而这种绝对性的管理和控制权，也会因为村民个体素质以及集体的专业水平差异，对村落本身的资源本底和价值产生负面影响，以及出现产业失衡、产品结构单一的现象，从而影响村落的价值和可持续发展。

第三节　企业主导型

企业主导模式指某企业通过签订租赁、承包合同或协议，通过市场化方式长时间管理经营村落，并按规定与当地政府、村集体分成。投资商根据自身优势完全市场化运作，结合市场需要对外融资，继续古村镇旅游开发进程，政府只在行业宏观层面上对投资商进行管理（图4-9）。相关实践如安徽黟县宏村、湖南凤凰古镇等，但这一模式以商业价值为根本诉求，往往损害村民利益，公信力不足。

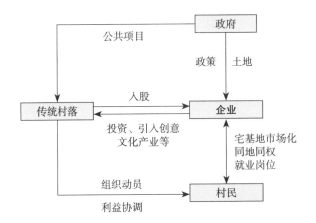

图4-9 企业主导模式组织示意图

一、案例分析——安徽黟县宏村

(一)村落概况

宏村位于安徽省黄山市黟县东北部，距黟县县城约11公里，村落面积19.17公顷，现为宏村镇的驻地（图4-10），是一个典型的企业主导型古村落。宏村历史悠久，始建于南宋绍兴年间，至今已有800多年历史。宏村背倚黄山余脉，三面环水，山环水抱的选址格局、蕴含传统智慧的牛型村落布局与完善的供水系统、大量留存的明清徽派古建筑，共同造就了宏村独具地域特色的自然与人文景观。2000年，在第24届世界遗产委员会上被列为世界文化遗产；2001年，宏村古建筑群被列入为第五批全国重点文物保护单位之一；2003年被列入首批中国历史文化名村。

(二)发展路径

宏村的旅游发展总体可以划分为两个阶段。1989—1997年，先后经历了政府主导和村民集资承包经营，但由于交通不便、开发力度不足、缺乏经验、利益矛盾严重等问题，收益惨淡。多年开发未见成效的情况下，1997年，政府通过招商引资，引进外来企业进行旅游开发。北京中坤投资集团有限公司（以下简称"中坤集团"）与县政府签订协议，共同组建"黄山京黟旅游开发有限公司"（以下简称"京黟公司"），宏村30年旅游开发经营权被中坤集团买断。在其科学的企业管理和成熟的运营模式带动下，宏村迎来旅游

图4-10　宏村风貌

高速发展的新阶段。

在京黟公司的主导下，宏村开发历程分为三个阶段。

第一阶段是通过专家评定、媒体宣传等途径确立宏村古村落遗产价值与品牌知名度。1998年，京黟公司按照"保护、开发、利用"的理念，对宏村进行摸底调查后，邀请专家制定宏村保护与发展规划，并投入资金用于宏村古建筑修缮保护及景区设施的完善；之后对外进行广泛宣传提升知名度，并于1999年参评世界文化遗产，2000年被成功列入世界文化遗产名录，奠定了宏村的品牌知名度。

第二阶段是从旅游设施上提高宏村旅游竞争力。2002年，中坤集团与县政府二次合作，利用宏村景区收入作为主要资金，在距离宏村仅3公里处，修建黄山宏村奇墅湖国际旅游度假村。这一举措改变了宏村服务设施与世界文化遗产地不相适宜的局面，增强了宏村及黟县乃至黄山的旅游竞争力，实现了"游黄山仙境，观皖南古村，住桃源人家"这一黄山市旅游战略大布局。

第三阶段是宏村旅游成功后的旅游扩张。在宏村旅游开发获得成功后，中坤集团继续利用宏村景区的收入作为主要资金，运用宏村的运营经验对南屏、关麓进行开发，三者共同成为中坤集团黄山古镇旅游的三大品牌。

外来企业买断宏村旅游开发经营权后，更加积极主动地投资景区的发

展建设工作以获得更大商业利益。在京黟公司现代化企业经营管理模式下，宏村在基础设施、服务能力、旅游业态、品牌效应等方面得到极大提升，并带来经济效益的迅猛增长，也让村民实现脱贫致富（图4-11）。

图4-11　宏村街景

（三）企业主导模式的优势与不足

外来企业主导模式是一种低嵌入模式，古村落发展矛盾表现为旅游漏损和学习机会之间的权衡。

宏村企业主导模式的成功之处在于探索了一条企业主导运作、政府监管、群众参与的景区保护管理与开发利用新模式。将宏村所有权与经营权分离，进而按照现代管理制度在保护古民居和民俗文化的大前提下，对景区进行科学的开发运营与合规利用。其结果是景区服务能力、经济效益和社会效益不断提升，文化遗产保护效力不断增强，使宏村成为古村落保护、开发、利用的典范。

宏村企业主导模式的不足主要体现在以下几方面：首先，企业主导模式的古村落发展具有高企业依赖性并面临高不确定性风险。宏村的成功依赖于外来企业在乡村旅游开发上的战略理解。中坤集团及京黟公司介入宏村后，第一时间投入资金进行宏村保护和修缮规划，在后续的发展中也始终遵循"保护性利用"的原则，较好地协调了古迹保护、旅游开发与村民增收的问题。然而这种企业少之又少，难以在广大的乡村开发中复刻，大多企业在商业利益导向下容易重开发轻保护，致使古村镇文化景观变质。其次，不均衡的利益分配格局加剧了多元主体利益之间的矛盾。在宏村与京黔公司确立的利益格局中，宏村景区全部门票收益中，京黔公司占67%；地方占33%，其中县政府占21%（1%作为旅游基金），镇政府占4%，宏村村占8%。门票收入高度外漏，当地村民收益甚小。且由于产权与经营权的分离，村民乃至政府无法干预企业对于村落的发展规划，在乡村发展多元利益主体格局中，村民的主体地位被削弱，始终处于弱势的一方。最后，在企业不断地旅游扩张下，古村落依然面临开发与保护的矛盾。尽管宏村已经建立了完整的保护体系并取得了显著成绩，但其全域旅游发展极大改变了村民传统生产和生活方式，改变了村落的土地利用方式，破坏了村落原有的文化景观和村落肌理。

二、小结

企业主导型的古村落发展在专业化运营、资本引入、产业创新等方面存在优势，但资本家不可避免的逐利性与利益分配格局的不均衡性，必然加剧古村落保护与发展的矛盾和多利益主体之间的矛盾，而在这其中，最终利益受损的一方必然是当地村民主体。

第四节　多元主体共建型

为克服单一主体主导的不足，传统村落的多元主体共建模式成为乡村振兴的新趋势，现主要有股份制公司和联合管理机制两种，前者如安徽省黄山市徽州区潜口镇唐模村，后者如本书所述的西溪南村。在这一模式下，各利益相关者既相互约束，又共同协作，有利于统一村落保护与开发的权力和责任，实现共同富裕。

一、案例介绍——安徽歙县唐模村

（一）村落概况

唐模村现位于安徽省黄山市徽州区潜口镇，为古徽州中心福地，历史上很长时间内归歙县管辖，村域面积约4平方公里（图4-12）。唐模村历史悠久，始建于后唐同光元年，距今已有1000多年的历史。村落以狮子山为支撑点，檀干溪穿村而过，全村夹岸而居，沿溪两岸的水街分布着近百幢徽派建筑，高阳桥横跨檀干溪，有"中国龙形村"之美称。2012年12月17日，唐模村被列入第一批中国传统村落名录，2014年唐模村景区被评为国家5A级旅游景区。

（二）发展路径

唐模村从1997年开始旅游开发，大致可以分为三个阶段。第一阶段为1997—2002年，以当地自主开发为主，经历了村干部组织村民进行自发式旅游开发和政府组建旅游公司并运营管理。第二个阶段为2002—2004年，上海复星集团与徽州区人民政府签订租赁经营协议，承包经营管理唐模村景区旅游开发。第三个阶段为2004年之后，安徽省旅游集团与上海复星集团协商，从中购买51%的股权，对唐模村景区进行控股经营。

（三）发展成果

上海复星集团与安徽省旅游集团合作控股开发经营，使村落在资金注入、基础设施建设、文化遗产保护、景区服务能力上都得到极大保障与提升。省旅游集团之后又与法国乡村旅游领军品牌"法国家庭旅馆"合作，联手打造中法合作唐模村国际乡村旅游示范项目，这也是首次在欧洲以外的地区引进法国家庭旅馆品牌。这一举措极大增强了唐模村的品牌知名度和旅游竞争力。唐模村旅游开发也促进当地村民收获乡村旅游发展的红利，尤其是位于景区核心位置，即水街两岸的村民依托自家房屋发展农家乐、农家客栈（图4-13），极大维护了乡村的乡土性与地域文化的原真性和完整性。

图4-12 唐模村风貌

图4-13　水街两岸的农家乐

（四）唐模村多元利益主体

在唐模村的保护与旅游开发过程中，多元利益主体的关系表现为股份制旅游公司、村民、政府之间相互依存的利益博弈（图4-14），乡村景观也呈现古村落、法国家庭旅馆、农家乐三种旅游实践的共存及景观意向的交融。旅游公司承包了乡村旅游产业的管理与经营权，为村落注入资本，提升旅游服务能力，带动地区旅游发展；政府则为企业提供政策扶持与经济资助，如"百村千幢"工程为建立唐模法国家庭旅馆提供了物质保障和资金支持；当地村民作为具有反抗意识与家园保护意识的群体，在外来文化冲击下，重构"乡土"和"熟人社会"。乡村文化涵盖了田园景观、农耕生产、建筑饮食、节庆民俗、村规民约、手工艺品等方面，农家乐是乡村文化的载体，村民依托自家住宅经营农家乐，利用乡土资源为游客提供具有地域特色的"土"餐饮，维护了自身作为古村落内生主体的权益，维护了乡村的乡土性和地域文化的原真性与完整性。

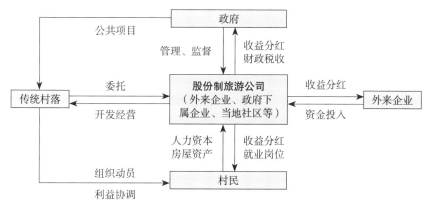

图4-14　股份合作模式组织示意图

二、小结

唐模村控股经营模式既有利于吸引资本注入，保证古村落有序开展保护和开发，又能保证政府的有效监管力，在让村民享受乡村旅游发展红利的同时保留村民自主构建乡土景观的权利，有利于乡村各利益主体既相互协作又相互制约，实现古村落发展与保护的协同。

第五节 发展多元主体共建模式的必要性

已有的实践证明，任何单一利益主体主导的模式都具有明显的局限性（表4-1）。

多利益主体视角下传统村落的保护与开发模式　　　　表4-1

类型	说明	优点	难点及不足
政府主导型	通常由乡镇及以上政府成立文旅小组或委托下属企业，通过政策、资金支持，对村落进行保护和开发	有利于发挥政府在政策法规上的规范和指导作用	社会资本参与不足、村民参与性不强、财政资金效率不高等
集体主导型	由村集体对旅游的开发、经营与管理模式进行总体调控，村集体与村民共同受益	有利于尊重村民诉求，维护村民利益	运营资金难以持续、产业结构单一、对村集体的带头人依赖性强、决策专业性有待提高等
企业主导型	某企业通过签订租赁、承包合同或协议，通过市场化方式长时间管理经营传统村落，并按规定与当地政府、村集体分成	有利于统一经营，结合市场发展乡村	以商业价值为根本诉求，往往损害村民的利益，公信力不足
共享共治型	强调"多中心秩序"，多个利益主体共同参与，主要有股份制公司和联合管理机制两种	各利益相关者既相互约束，又共同协作，有利于统一村落保护与开发的权力和责任，实现共同富裕	如何确定合作机制、不断优化治理模式是该模式的难点

政府主导的自上而下的乡村建设模式导致其他主体被动参与，只能在结果出现时选择接受还是抗议。由于缺乏其他主体全程参与、合议决策，难以限制公权力，反而形成了另一种风险。甚至可能比外来企业主导模式更加伤害传统村落的可持续发展。

集体主导模式虽然能够最大程度保护村集体的权益，但适用条件较为严苛。由于传统村落早期普遍缺乏资金与资源，因此该模式更适用于具备一定知名度、距离大中城市较近且居民保护意识较高的传统村落，一般传统村落难以复制。且后期还需要专家学者、社会组织等多元主体的参与才能长远发展。

外来企业主导往往会过分逐利，将大部分的开发利益集中于企业，却将传统村落的保护责任留给村民。村集体的话语权等权益难以得到公平对待，损害了原住民的个体利益。

相比之下，多元主体共建模式显现出更强的韧性与可能性，传统村落的共同利益需要各利益相关者在相互约束的情况下通过共同协作来实现，共享共治型强调"多中心秩序"，多个利益主体共同参与。"多中心秩序"（Polycentric order）概念最早由英国学者迈克尔·博兰尼提出，之后由美国学者文森特·奥斯特罗姆、查尔斯·蒂布特、罗伯特·沃伦等引入社会公共管理领域。20世纪70年代到20世纪80年代，埃莉诺·奥斯特罗姆通过对5000多个小规模的公共池资源管理案例的荟萃分析，发现可持续的长效管理体系普遍具有多中心的特点，证明在政府"公有"与市场"私有"之间还存在另一种公共资源管理模式——自主组织的多中心治理。即一个系统里公民可以组织多个不同规模的管理机构，而非一个，并嵌套成多层级的管理体系；每个机构有相当大的独立性，并在限定权限内对特定地域范围制定和执行规则。目前多中心管理已经在灌溉系统、林业、渔业等公共池资源管理中得到了广泛研究，并且证明有效。传统村落保护是具有多种资源产出的公共池资源管理（同时具有景观风貌、经济收益、生活质量等多种资源产出，且彼此间相互影响），且远比森林、渔业、灌溉系统等公共池资源管理更为复杂。

当前，我国陆续出现政府、外来企业和村民集体等多元主体共建的传统村落振兴实践，但实施中存在各利益主体的诉求不明确、弱势主体权益常被忽视（如当地社区容易被忽略）等问题，协调各利益主体的整体利益分配机制尚未成熟。这是由于实践过程中缺乏有效的信息交流平台、信息透明度不足、文化认知的障碍与需求的复杂多变等原因导致的。如何因地制宜地建立贴合我国国情的城乡多元主体共建的传统村落振兴模式，是我国乡村实践亟须解决的问题。安徽省黄山市西溪南村与江西省婺源县巡检司村的成功探索，为自然与文化禀赋优良的传统村落如何实现多元主体的共建共治共享提供了样板。

第五章　西溪南村的城乡多元主体共建实践

◎ 现状问题

◎ 活化目标

◎ 措施

◎ 乡村振兴成效

　　西溪南村位于安徽省黄山市徽州区西溪南镇，有1200余年的历史，村域面积为7.33平方公里。村庄地处丘陵平原区，新安江上游最大的支流丰乐河穿村而过，保存有独具特色的河滩枫杨林景观。西溪南镇素有"歙邑首富"之称，孕育了深厚的宗族文化和徽商文化，西溪南村也保留有众多古民居、古园林遗迹和民间水利遗产，并于2014年入选第三批中国传统村落名录（图5-1）。目前，西溪南村距黄山北高铁站4公里，杭州的游客仅需1.5小时、上海游客仅需2.5小时左右即可到达，周边1小时车程范围内有黄山景区、呈坎、宏村、西递等旅游地（图5-2）。今天的西溪南村因其优越的交通区位、优质的自然本底和文化遗产，备受专家学者和投资商的青睐。

图5-1　西溪南村规划范围区位图

　　在我国全面推进乡村振兴、促进共同富裕的社会发展背景下，本书基于徽州西溪南村近8年的活化再生实践，提出传统村落振兴的"望山生活"模式。2014年，黄山市徽州区和西溪南镇政府引进了北京大学和土人设计团队（以下简称"望山团队"），实践"望山生活"。作为乡村振兴的一种社会实践探索，"望山生活"是一种看得见山、望得见水、记得住乡愁的生活实验，探索出一条不依赖国家投入、市场化的可持续乡村振兴之路。本章

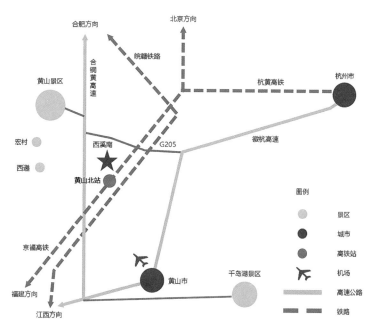

图5-2 西溪南村交通区位示意图

从问题、目标、措施、成效四方面总结了徽州西溪南村的"望山生活"实践经验。

第一节 现状问题

望山团队介入之前，黄山北站尚未建设，西溪南村仅有几家提供餐饮的农家乐，还未集中开发旅游业。主要问题包括：

（1）城乡经济失衡，抽空村落发展动力。西溪南村以农业生产为主，村民收入较低，且旅游业发展缓慢，与宏村、西递相比，旅游资源的数量和质量均缺乏明显优势。

（2）乡村凋敝，特色流失。乡村社区"空心化"，青壮年劳动力严重流失；建设过程管理缺位，公众参与性不足；村落风貌混杂，传统民居在"新徽派"与"改徽运动"中被盲目修复与改造。

（3）乡土景观和遗产保护利用不足。村民缺乏保护乡土景观的意识与能力，如水圳的石埠头大多荒废与损坏；历史遗迹保护不均衡，特别是非文物保护单位的遗产基本未受保护；非物质文化遗产传承人未得到重视。

第二节　活化目标

针对上述问题，望山团队以"保育本底、植入激活、新旧共生、与民共荣"为理念，在保护自然与文化遗产的同时，以生态系统服务与人类福祉的关系和需求理论为依据，使乡村在提供高品质生态系统服务（包括乡愁等文化服务），以满足城市居民对乡村美好生活向往的同时，使绿水青山变现为"金山银山"，使社会财富得以再分配，城市居民带动乡民共同致富，实现乡村振兴。

第三节　措施

远离城市的西溪南村保留有完整的枫杨林、历史悠久的水利文化遗产与建筑文化遗产等，有利于为城市居民提供城里缺乏的生态系统服务（包括文化服务），使城市居民为乡村带来知识、人力和财富，从而建立基于生态系统服务的新城乡关系。瞄准上述目标，从以下三方面开展实践。

一、本底精读以揭示文化和生态系统服务的价值

本底精读即全面深入地梳理传统村落的文化生态系统，追溯其演变历程，揭示其文化和生态价值，避免保护利用过程中无意识的破坏。为此，团队自2016年起在西溪南村开设北京大学研究生课程"乡村与农业景观规划设计"，并开题多篇硕士、博士论文，系统研究西溪南村及徽州地区的自然与人文、历史与现状、物质与非物质文化遗产。现已完成3篇博士论文与1篇硕士论文。

1. 物质文化遗产

结合民国《丰南志》及当地访谈内容，对西溪南村水利水系、园林、街巷系统、民居建筑、公共建筑和农业系统的现状及演变过程进行梳理（表5-1）。

西溪南村物质文化遗产古今风貌及演变特征　　　表5-1

要素	历史形式	现状	演变特征
水利水系	①雷、陇、条三埧穿村，形成"河—埧—渠—塘"系统；②水口景观；③水利景观与枫杨林等生产性景观	①传统水埧保存较完整，水渠与陂塘留存较少；②水口景观消失；③水利景观及枫杨林湿地成为游憩场所	整体格局尚存，渠、塘、水口景观减少；生产性景观转变为游憩场所
园林	41个古典园林与"溪南八景"	古园林仅存有果园、野径园与钓雪园	古园林大量消亡
街巷系统	①"东西街+南北巷"的鱼骨式结构，主干道为中街；②沿街以传统建筑为主；③街巷高宽比在2.0～4.0之间	①鱼骨式街巷结构，主干道为丰南大道；②沿街界面建筑风格混杂；③新街高宽比在1.0～2.0之间	街巷结构尚存，建筑风格多样化，街巷总体变宽
民居建筑	①以宗祠为中心，沿街巷与水系组团式分布；②高墙、深宅、天井、马头墙；③砖、木结构与徽州三雕	①新老民居交错分布，新建民居多沿公路分布；②开放式平面与立面，部分沿用马头墙；③新民居多数为钢筋混凝土结构和现代化装饰	总体布局更为分散，新民居徽州特色减少
公共建筑	①民国期间有20处宗祠、10座社庙、16座寺观，还有书院、亭台等；②徽派建筑风格，砖木结构，徽州三雕	①古代公共建筑仅思睦祠局部；②新徽派与现代风格为主，新公建多为钢筋混凝土结构和现代化装饰	体现宗族文化的公共建筑大幅减少，新公共建筑的徽州特色减少
农业系统	根据星象与节气进行农业耕作，采用轮作、休耕等措施保持土壤肥力	大量使用农药、化肥等，土壤养分失衡，肥力和有机质下降	农业种植越来越依赖化学药剂，传统农业智慧逐渐丢失

2.非物质文化遗产

西溪南村是彰显徽州文化的"活化石"，其非物质文化遗产包括收藏文化、碑帖文化、徽墨、戏曲、雕刻等。明清时期，西溪南村是我国收藏界的圣地和文人墨客的聚集地，余清斋主人吴廷藏有王羲之《快雪时晴帖》、颜真卿《祭侄文稿》、黄筌《写生珍禽图》等，有"梅花古衲"之称的渐江与西溪南村结缘而作《云根丹室图轴》《丰溪山水册》等，清代石涛作颇负盛名的《溪南八景》。此外，西溪南村文学融合方言，朴素精辟；舞蹈融合乡土气息，演绎宗族旧事；传统工艺精巧，以墨以雕繁荣；戏曲之文戏委婉细腻，武戏粗犷炽热，逢年过节，村落古祠旁搭建精美戏台，人声鼎沸。《丰南志》中记载的堪舆卜居、水利建设、村庄变革、农业习俗等，都是村民生活智慧的结晶，为后续的研究及设计提供了翔实的一手资料。

3.社会形态

西溪南村各发展阶段的社会形态均为多利益主体博弈的结果，对村落的景观演变和经济发展起到了重要作用。团队将利益主体分为四类：政府主体、本地主体、外来主体和社会主体，系统梳理了社会形态的演变历程（表5-2）。

西溪南村社会形态演变历程　　　　　表5-2

主体类型	1121—1912年	1912—1987年	1987年至今
政府主体	徽州府、歙县县府。由于"皇权不下县"，政府主要起监督与协调作用	徽州专区（1961年4月—1971年3月）时期，建立中央直接管控的乡村系统"县—乡—村—生产大队—生产小队—村民"，一控到底	"黄山市—徽州区—西溪南镇政府"三级政府构架，负责上层政策落实、美丽乡村建设与验收、建设用地管理与审批、村容村貌管理等
本地主体	乡绅自治系统，以多氏族的宗族力量为主，当地大姓吴氏由盛转衰	宗族势力式微，本地主体由"大宗族—小家族—核心家庭"逐步演变。以生产大队为组织形式	本地主体以核心家庭为主，以村集体、村委会为组织形式
外来主体	区域之外的乡绅、农民与佃农。清中晚期棚民、流民大量流入徽州，形成竞争	1954—1958年，政府组织的外来移民，如新安江水库移民；1968—1972年，知青下乡	文化旅游开发商、投资商、"百村千幢"的新移民、游客等
社会主体	明清时期徽州士绅组成的"文会"，"乡有竞争，始则鸣族，不能决，则诉于文会"	较少	专家学者、高校学生（如北京大学团队）、非政府组织等

二、设计"望山生活"：五位一体兑现生态与文化服务

为综合解决西溪南村在经济、社会、文化方面的问题，团队将"望山生活"阐述为"五位一体"的理念：诗意栖居、生态优农、全域旅游、研学、文创艺术，提出将人类的生存、健康与自由的福祉，建立在生态系统的安全、健康与丰饶之上，在保护和完善传统村落自然和文化遗产的前提下，为来自城市的旅居者提供高品质生态系统服务，以满足其对美好生活向往，使乡村的绿水青山和乡愁变现为"金山银山"，实现乡村振兴，城市居民带动乡民共同致富。

1.诗意栖居

所谓诗意栖居，是使人在栖居体验中获得归属感和认同感，让身心体验一种在大地上栖居的自由状态，是人在满足安全和健康等初级需求之后所追求的最高精神需求。针对西溪南村房屋凋敝及传统建筑盲目改造的问题，团队以"诗意栖居"策略实现保护性开发，以徽州文化为基底，在尊重地方历史及村庄空间肌理的前提下，因地制宜地从街巷格局和建筑单体两方面对西溪南村的人居环境进行保护、修复与设计，以满足高层次的旅居需求。

首先需要保护传统村落的真实性和完整性，遵照可逆和可辨识的原则，保护和修复重要遗产，包括：

保护街巷格局的完整性和真实性，保留西溪南村以街为经、以巷为纬、街依堨行、屋缘街建的传统历史格局。团队协助政府申报创意小镇，争取国家资金，对三条历史街巷——前街（现称后街）、中街（现称正街）、后街（现称溪边街）进行重点保护，修复破损的区域，复原并疏通沿街水系，恢复古街风貌，完善市政基础设施，营造诗意乡村环境。

新旧结合，保护、修复和利用遗产建筑，遵循可逆性修复与"最小干预"的理念，在保护建筑结构和空间特色的基础上，赋予部分建筑新的功能，以实现传统要素与现代功能的有机结合。钓雪园、荷田里、望山公社都是改造已凋敝建筑为诗意栖居场所的典型代表（图5-3、图5-4、图5-5）。这些老建筑本已严重凋敝，设计团队最大限度地进行保护性的、新旧结合的改造，并植入栖居、会议、研学等功能，为传统民居建筑增添新的活力。

图5-3 "钓雪园"改造前后对比

2.生态优农

面对粮食与食品安全的困境，绿色生态的农副产品成为美好生活的有机组成部分。

图5-4 "荷田里"改造前后对比

图5-5 "望山公社"改造前后对比

西溪南村水土条件优越，种植业、养殖业发达。为提高当地农民收入，推广绿色的生产和生活方式，"望山生活"精选出产农户、完善监管体系，充分利用休耕、轮作等生态智慧，维护健康的农业生态系统。作物种植过程中不使用化肥与农药，以确保选材、生产、加工、包装全过程的绿色环保，生产健康有机、高附加值的农产品，如望山毛峰、农家菜籽油、无添加大米、天然蜂蜜、山间干货等（图5-6）。

图5-6 "生态优农"系列产品

此外，"望山生活"还通过各种渠道帮扶促进徽州地区的农副产品与传统工艺发展。如团队以"旅游助农振兴新乡村"为宗旨，利用端午假期举办助农摆摊节，通过线上线下互联的方式推广当地特色农产品，展示民间手工艺；以"望山毛峰"发布会的方式，邀请非物质文化遗产传承人谢一平先生展示传统的炒茶与制茶技艺（图5-7），倡导生态文明理念的同时，弘扬当地的非物质文化遗产。

图5-7　"望山毛峰"发布会：谢一平先生现场制茶

3.全域旅游

空间自由是美好生活的重要构成，自然和文化遗产给人以审美启智的服务，行万里路、读万卷书使自由行旅和全域旅游具有了生态和文化服务的内涵。

为促进西溪南村乡土遗产的保护与旅游业的发展，同时避免与周边旅游古镇同质化的问题，团队采用全域旅游与乡土景观解释学相结合的方式，建设休闲体验型的古村旅游，结合遗产、新生活与新文化，带动西溪南村全面复兴。

在全域旅游规划中，团队首先规划建立丰乐河水利遗产廊道，保护特有的天然枫杨林湿地、村落水景观及水利文化遗产，并以此为脉络，串联园林景观、历史建筑与非遗文化展示点。在此基础上，加入包括特色民宿参观、乡土美食开发、艺术设计展览、创意文化和产业的学习与体验等项目，兼顾了旅游线路的传统性、地方性与时代性（图5-8）。解说系统方面，团队

采用乡土景观解释学的方法，结合史料分析、地理分析、村民访谈等，将西溪南村自然与人文景观的现状与演变过程通过"讲故事"的方式呈现出来，从而更深刻地揭示了西溪南村景观的意义。这一方式有助于游客深入了解当地历史和文化特色，寻找景观的"来龙去脉"，丰富游览体验，提高对乡土景观及其要素价值的认识。团队也邀请村民一同体验全域旅游，促进当地社区的地方认同感与自豪感。

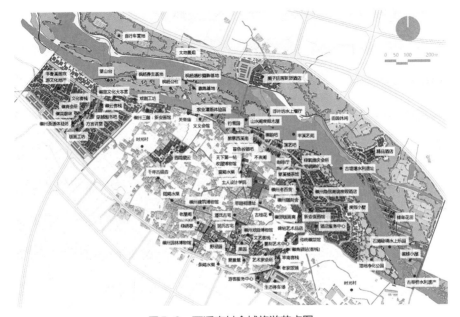

图5-8　西溪南村全域旅游节点图

4.研学实践

研学是青少年素质教育的必须，也是成人获得自身修养提升的精神追求途径。

依托西溪南村丰富的自然与文化遗产，团队开发多种研学课程，内容涵盖景观设计、人文地理、环境工程、生态学、历史学、社会学等方面，使不同背景的参与者从多学科视角理解西溪南村的人居智慧，如卜居选址、村落格局、海绵措施、水利设施、建筑特色、宗族文化等。根据服务人群的不同，研学课程在三大板块开展：土人学社、望山少年和望山学院。土人学社面向设计专业的学生，倡导"设计融入生活，改变生活，创造生活"，以"Learning-by-Doing"为教学理念，为国内外学子提供高品质、高水准、国际化的设计教育培训，如海绵城市设计实战营；望山少年专注于青少年生态环境教育，依托哈佛大学、北京大学等名校校友资源及"土人设计"丰富的项目经验，寓教于乐，以课题形式培养青少年综合运用设计思维和科学方法的能力，如生态教育课——"一滴水的奇妙旅程"；望山学院为相关企业或组织制定个性化的专业技术培训和游学活动，把学员带到农村来，实现城乡人口双向流动，在乡村形成新的文化集散地（图5-9）。

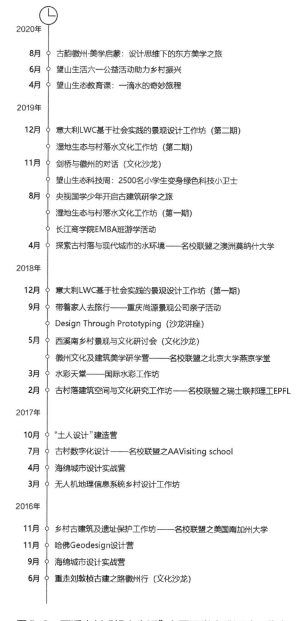

2020年

8月 古韵徽州·美学启蒙：设计思维下的东方美学之旅

6月 望山生活六一公益活动助力乡村振兴

4月 望山生态教育课：一滴水的奇妙旅程

2019年

12月 意大利LWC基于社会实践的景观设计工作坊（第二期）

湿地生态与村落水文化工作坊（第二期）

11月 剑桥与徽州的对话（文化沙龙）

望山生态科技周：2500名小学生变身绿色科技小卫士

8月 央视国学少年开启古建筑研学之旅

湿地生态与村落水文化工作坊（第一期）

长江商学院EMBA班游学活动

4月 探索古村落与现代城市的水环境——名校联盟之澳洲莫纳什大学

2018年

12月 意大利LWC基于社会实践的景观设计工作坊（第一期）

9月 带着家人去旅行——重庆尚源景观公司亲子活动

Design Through Prototyping（沙龙讲座）

5月 西溪南乡村景观与文化研讨会（文化沙龙）

徽州文化及建筑美学研学营——名校联盟之北京大学燕京学堂

3月 水彩天堂——国际水彩工作坊

2月 古村落建筑空间与文化研究工作坊——名校联盟之瑞士联邦理工EPFL

2017年

10月 "土人设计"建造营

7月 古村数字化设计——名校联盟之AAVisiting school

4月 海绵城市设计实战营

3月 无人机地理信息系统乡村设计工作坊

2016年

11月 乡村古建筑及遗址保护工作坊——名校联盟之美国南加州大学

11月 哈佛Geodesign设计营

9月 海绵城市设计实战营

6月 重走刘敦桢古建之路徽州行（文化沙龙）

图5-9　西溪南村"望山生活"主要研学实践活动一览表

5.艺术文创

传承与创新在文化发展过程中具有辩证统一关系——传承是创新的基础，创新是传承的目的。望山生活以"传播新美学、引领新文化、创造新生活"为使命，对西溪南村的非物质文化遗产进行传承，并通过多元、创新的体验形式将其融入现代人的思想和生活中。

望山团队在西溪南村开展了众多的艺术文创活动。鉴于西溪南村是明清时期的文物鉴藏和艺术品交流重镇，团队与时空聚友会（文化组织）合作，在西溪南村聚集50多名收藏爱好者，交流收藏故事，分享收藏经验；成立陶艺工作室教学陶艺技艺，组织当地手工艺人教学徽州竹编技艺，并培养当地村民成为独当一面的非遗文化传承人（图5-10）；与Lawi艺术工作室携手"超级大提琴"音乐节举办西溪南"超级大提琴"演奏会（图5-11），

图5-10 中外游客在刘颖陶艺工作室体验陶艺创造

图5-11 欧洲大提琴艺术家在西溪南村的激昂表演

来自法国巴黎国立高等音乐学院的13位大提琴演奏家们聚首徽州西溪南村，为千年古村带来了中西碰撞的激情，吸引了数百万业内专家和音乐爱好者的关注。

第四节　乡村振兴成效

本案例通过恢复生态系统，推广了绿色的生产和生活方式，建立了生态系统服务和人类福祉之间的联系，形成了可持续、可复制的乡村振兴模式，使"绿水青山"变成了"金山银山"。振兴成效具体表现为：

一、产业高品质发展，村民收入提高

望山团队在西溪南村形成了不完全依赖国家投入的，可持续的商业模式。2015—2020年，西溪南村劳动力资源数及从业人数总体呈上升趋势，从业人数占总常住人口数的比例也从2015年60%上升到了2020年81.6%（图5-12）。

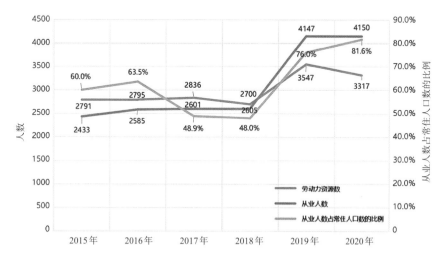

图5-12　西溪南村劳动力资源数、从业人数、从业人数占常住人口数比例变化图

农业方面，西溪南村的特色产业——养蜂业快速发展，2020年，蜂蜜产量及蜂群数量上升至2015年的3倍左右（图5-13）。农业生产也采用更绿

色的方式，农药使用量从2015年的24吨减少到了2019年的18吨。

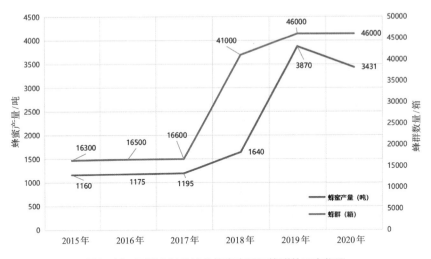

图5-13　西溪南村养蜂业蜂蜜产量及蜂群数量变化图

旅游业方面，2014年西溪南村有简陋招待所2家，2015年望山生活开启第一家民宿，到2020年增长至51家民宿（图5-14）。其中当地村民自营型民宿26家，占总民宿数量的51%，成为村民收入的重要组成部分。西溪南村的商户数量也从2014年的62家增长到2020年的227家（图5-14）。据不完全统计，2019年与2020年，西溪南游客数量均达到25万，2021年上半年，游客数量已突破20万人。

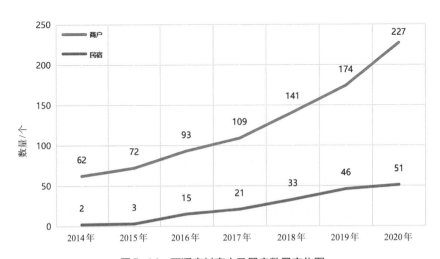

图5-14　西溪南村商户及民宿数量变化图

二、共建共治共享局面形成，社区活力激活

在望山生活等社会力量的促进下，西溪南村形成了多利益主体共建共治共享的局面。与2015年相比，2020年常住人口数增加了1032人，户数增加59户（图5-15）。这与西溪南村户籍人口迁入、迁入率变化相关。2009年，西溪南村户籍人口迁出率比西溪南镇高0.49%；2011—2016年围绕镇平均水平波动；2017年之后，西溪南村户籍人口的迁出率持续低于镇平均水平（图5-16）。在户籍人口迁入率方面，西溪南村以2015年为拐点持续上升，整体高于镇平均水平（图5-17）。这一数据侧面反映了西溪南村旅游吸引力提升，人口回流，社区活力增加。

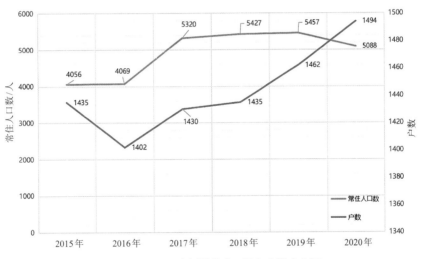

图5-15　西溪南村常住人口数与户数变化图

随着农业和旅游业的发展，村民收入提高，越来越多的村民自发性地修复与改造民居，外来租赁者及民宿经营者也对传统民居进行保护性修缮，西溪南村民居风貌及质量得到提升。除此之外，政府、村集体及团队整治丰南大道，翻修村内道路，设立北入口停车场和西溪南集市，完善指示系统，改善了村内的基础设施和公共服务设施，提高了社区居民及游客的满意度。

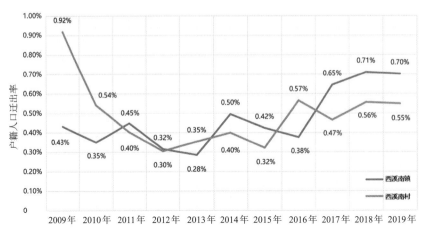

图5-16　西溪南村－西溪南镇户籍人口迁出率对比图

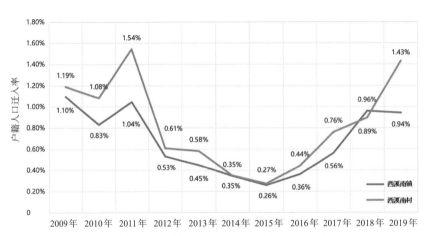

图5-17　西溪南村－西溪南镇户籍人口迁入率对比图

三、物质文化与非物质文化遗产得到保护，文化认同加强

西溪南村的乡土景观，包括国家级重点文物保护单位的绿绕亭、老屋阁和非文物保护单位的物质文化遗产，如"堨—渠—塘"的水利系统、鱼骨式的街巷结构、钓学园、丰乐学堂、溪边文苑等建筑均得到保护、修复与再利用。多项非物质文化遗产，如毛峰茶炒制技艺、收藏的习俗和经验、陶艺、竹编技艺也得到了传承和发展。2019年，本书的研究课题组采用问卷和访谈的形式测评了西溪南村各主体的地方感强度，包括地方认同和地方依恋，用来研究多利益主体与西溪南村之间身份的构建与认同程度，以及情感的依附与满足程度。结果表明，各利益主体的地方感强度整

体良好，对西溪南村持积极和赞成的态度，产生了较强的地方依恋和地方认同（图5-18）。

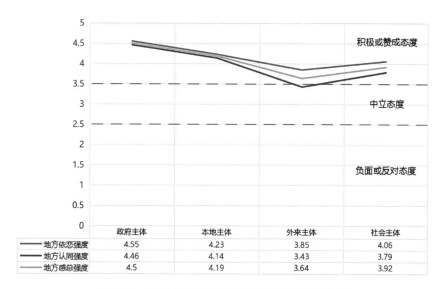

	政府主体	本地主体	外来主体	社会主体
地方依恋强度	4.55	4.23	3.85	4.06
地方认同强度	4.46	4.14	3.43	3.79
地方感总强度	4.5	4.19	3.64	3.92

图5-18　多利益主体对西溪南村地方感强度评价图

第六章 巡检司村的共享
共建实践

◎ 现状问题

◎ 活化目标

◎ 措施

◎ 乡村振兴成效

　　巡检司村是江西省婺源县赋春镇严田村现辖的5个自然村之一，古代水利遗产、水口文化、宗族制度、农业智慧等凝聚于此，物质文化、非物质文化遗产丰富。这里曾是一处"桃花源"式的理想人居景观，堪称基于自然的可持续发展模式在农业时代的典范。然而，受全球性气候变化、快速的城市化和工业化进程影响，婺源巡检司村日渐凋敝，村落整体的水生态系统、乡村风貌及文化遗产面临严重威胁，社区也日渐式微。

　　从2015年开始，北京大学俞孔坚教授带领的研究和实践团队以"保育本底、植入激活、新旧共生、与民共生"的理念，在巡检司村实验"望山生活"：一种看得见山、望得见水、有乡愁的生活实验；它是生态文明时代人民对美好生活的向往，在强调生态优先和保护自然的同时，探索实现高质量发展和高品质生活的途径，探索实现绿水青山就是"金山银山"的路径。它是对绿色生产方式的推动，更是乡村振兴和美丽中国建设的实践探索。如今，以诗意栖居、生态优农、全域旅游、研学实践和文创艺术五位一体的"望山生活"正在巡检司村生根开花，在为城市居民创造美好生活的同时，带动了乡村振兴，自然生态得到更好保护和高效利用，凋敝的乡村和社区得以重新焕发生机。

第一节　现状问题

　　（1）生态系统破坏：工业化影响下的掠夺式农业生产、河道的固化硬化和化肥农药的滥用破坏了自然本底，生态系统服务正在下降。

　　（2）城乡经济失衡：村民收入较低，劳动积极性不高，土地荒废，产业发展滞后。

　　（3）乡村社区凋敝：城市化影响下青壮年大量流失，房屋日渐衰败；村内基础设施薄弱，公共服务设施短缺，文化教育落后。

　　（4）文化认同危机：物质文化类、非物质文化类乡土遗产景观（包括自然山水、水利遗产、历史建筑、宗族文化等）不受保护，村民认同感及归属感越来越弱。

第二节　活化目标

实践一种基于自然的、后工业化和后城市化时代的乡村振兴模式。在健全自然本底，保护和恢复巡检司村生态系统的基础上，通过建立基于生态系统服务的新城乡关系，创造并推广一种全新的、后工业时代、特别是后疫情时代的生活方式，即一种乡村都市主义。在满足城市居民对美好生活向往的同时，使凋敝的乡村得以振兴，让缺乏生态系统服务的城市居民亲近自然，使生态资产富足的巡检司村通过提供生态系统服务实现脱贫不返贫的可持续发展，从而促进城乡共荣。

第三节　措施

基于以上问题与目标，研究和实践团队建立了新的城乡关系与供给策略——生态系统服务，维护和改善这种生态系统服务将成为未来乡村管理和设计的核心目标，并以此为基础获取人类福祉（图6-1）。新乡村将成为生

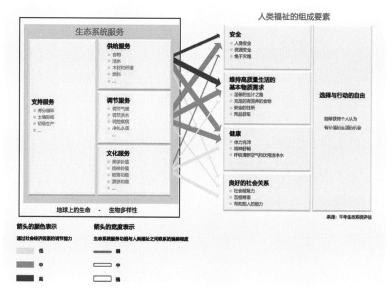

图6-1　生态系统服务与人类福祉之间的关系

态系统服务（Ecosystem services）或景观服务（Landscape services）的消费场所，从提供农产品到提供生态系统服务，满足城里人对美好生活的向往，引领人们重新认识乡村和乡村生态系统的价值，实现城乡融合发展。

一、本底精读：发掘传统生态智慧，保护修复文化遗产

为更好地保护和利用巡检司村的自然文化系统，首先应系统摸清村落的"家底"，包括人与自然的生态关系、人与人的社会关系、族群或个体的历史和故事，以及造田、理水、营居的技术等，避免无意识地造成文化遗产破坏。这些文化遗产不仅具有历史文化传承等方面的功能，而且对于推进生态文明建设，落实"绿水青山就是金山银山"的理念有重要价值。

巡检司村的非物质文化类乡土遗产包括传统技艺类（如竹编等手工艺）和口述历史类（民间故事、传说、神话等），渗透到了生活的方方面面。而物质文化类乡土遗产主要体系在以下四类文化景观中：

1. 自然山水文化景观

婺源巡检司村的山水格局与村落选址呈现"枕山、环水、面屏"的格局，充分体现了我国理想人居模式的庇护和自然依赖特征（图6-2）。巡检司村的盆地农业文化很大程度上表现为"生态节制"——即对自然过程和自然

图6-2　巡检司村俯瞰

景观格局的尊重、信赖和爱护。这种文化以整体农业生产和生活环境的持续利用和保护为目的，有利于形成稳定的生态文化区，发展家园意识和继嗣道德，形成斥异型的社会群体以及发展内源需求导向的自力型经济。

在巡检司村，严溪环村抱边，水口为"一方众水所总出处也"（缪希雍，《葬经翼》），是村落的咽喉。改造水口主要是"障空补缺"和"引水补基"，即针对地形缺陷，用培土、筑堤、垒坝，或建造桥、亭、阁、塔等方式以补其缺，改善村落的环境及景观，形成"绿树村边合，青山郭外斜"的总体特征，水口也成了全村的公共园林。水口林是村落的古树林（图6-3），是盆地生态适应机制的遗迹，不仅具有涵养水源、调节气候、水土保持等功能，而且是村民认知图式中的空间标识物，具有空间屏蔽效应。

图6-3　掩映在水口林后的巡检司村

2.水利遗产文化景观

巡检司村依严溪而建，历来以水稻种植为主。现存水利遗产文化景观丰富，包括河道上的古桥、古堰（徽州地区又称为"堨"），村中和田野上的水塘，用于农业和日常生活用水的水圳、水井等。作为村口标识物的桥是水口景观的组成部分，以增加锁钥之势，体现了村民的捍域意识（图6-4）；古堰在对自然生态过程影响较小的前提下抬高了水位，解决了水利问题。作为传统生态智慧的结晶，这些水利遗产至今仍维持着村民的生活和生产。

3.历史建筑与文化景观

严田巡检司村设于明嘉靖四十三年（1564年），具有军事武装性质，属于地方行政辖属，官署名作为村名沿用至今。建筑风格为典型的徽派建筑：

图6-4 拱秀桥与白亭

白墙青砖黑瓦，高屋洞窗飞檐。出于人文追求，建筑外砖布局严谨，雕刻精巧细致；内部木雕造型丰富，保存完好。天井（又称"明堂"）在巡检司村民居的空间关系中至为重要，具有采光和通风的功能，四周屋面的水流入天井，称"四水归堂"，蕴含了独特的思想。这些营造之法既体现了人们"聚财""聚气"的文化心理，又是人们适应盆地环境、合理利用自然的表现。除此之外，朱熹和岳飞匆匆走过多次的千年徽饶古道、巡检司村至坑头的古驿道等均保护良好，为古代沿用至今的、出入巡检司村的交通要道。

4.宗族社会文化景观

巡检司村在明、清两代为潘姓聚落，从龙山坑头迁居而来。旧时清明时节，该地潘姓均到坑头"永思堂"祭祖，沿途的古驿道存有古六区书院遗址。村边有西家太庙、上湾寺旧址等。巡检司村的水口经过潘氏一族的完善和建设，不仅"关锁"效果严密，还展示了家族的荣耀。

二、保护和修复自然生态基础设施，增强生态系统服务

巡检司村经济、社会的发展需以良好的自然本底为基础，研究和实践团队恢复和保护了村落的自然生态系统，增强了其功能性和连通性。

1.形态策略——最小干预理念下的"插队与拼贴"

充分尊重现状场地用地类型，按照生态需求保留原有树木、现状农田和严溪生态景观。在旧宅基地上"插队式"地引入城市居民，在不影响农民

生活和原有景观风貌的基础上，对建筑进行保护、改造与提升，并用"拼贴"的方式规划新民居与服务设施（图6-5），以建立新型的城乡关系，带动当地经济的发展和文明程度的提高。

图6-5　最小干预理念下的"插队与拼贴"

2.生态基础设施策略

高铁的发展、网络的普及和物联网的结合，使巡检司村凭借其自然和文化优势，构成了吸纳寻求后疫情时代生活方式的城市居民的"海绵体"（即生态基础设施）。快速的区域交通与慢速的乡村基础设施（图6-6）相结合，前者连接城市，后者满足乡村的慢生活需求，防止高速公路对乡村自然与文

图6-6　慢速基础设施——徽饶古道

化肌理的破坏。

3.海绵系统策略

保护农田，新建和改造建筑均不占用耕地面积；保护自然河床，及时阻止混凝土防洪堤的修筑，拒绝对河道进行硬化和固化，维护河道的自净功能和生物多样性；将水引入村庄，修建明渠解决街道的排水问题，塑造潺潺流水景观的同时完善了村庄内的水生态系统（图6-7）；从古代水利遗址中汲取智慧，修复古堰，盘活水系（图6-8）；设计曝气池景观，通过水流与瓦片的碰撞使水体复氧，深受儿童喜爱。

图6-7　街道改造前后对比图

图6-8　古堰修复前后对比图

三、引入"望山生活"，五位一体促进当地经济发展

"望山生活"是俞孔坚教授及其团队提出的一种关于生命和生活的态度和状态，是一种方法论和行为，一种"大脚美学"观。"望山生活"将人类的生存、健康与自由的福祉，建立在生态系统的安全、健全与丰饶之上，以实现人与自然的和谐与共生。在巡检司村，这一理念表现为五位一体的形态：

诗意栖居、研学启智、文创艺术、生态优农、自由行旅。

1. 诗意栖居

建筑设计遵循"最小干预"的理念，在尊重当地文化及村庄空间肌理的基础上，因地制宜地根据每一栋建筑的结构状态及空间特色来制定设计策略，将村内已荒废的民居改造为一系列具有"沉浸式体验"的民宿，使人们在自然与文化中获得诗意的栖居。

（1）最小干预、瞭望庇护——"蜂巢"专利设计木屋

该建筑群是生态系统服务转化安全、健康等福祉的典型案例。村子西侧的千年古林形成了一道绿色屏障，研究和实践团队把常规宾馆的客房拆解成了装配式的房间，倚靠绿林，建于田埂，称为"蜂巢"。这样不占耕地的设计不仅维持了原有的村庄风貌和整体景观，而且满足了人类对理想栖居地"瞭望—庇护"的景观审美需求模式（图6-9）。

图6-9　满足人类"瞭望—庇护"需求的"蜂巢"专利设计木屋

（2）依托自然、文化融合——问枣轩、答桂楼改造

该建筑是充分融合生态系统文化服务、体现其精神价值与美学价值的典型案例。严溪西侧、汇秀桥西端的问枣轩是一座利用旧民宅改造的诗意居所，设计师将建筑面向田园一侧的实墙打开，使中国传统的砖木结构完全暴露于田野之上，实现了自然、传统文化与当代艺术的融合。问枣轩西侧为巡检司村的"月丘四枣"（图6-10），有四喜临门的吉祥寓意，并与近处徽饶古道上的四喜桥相呼应，体现了徽州独特的乡土景观元素含义。

图6-10　问枣轩与"月丘四枣"

答桂楼紧邻徽饶古道，因对面一株近500岁的金桂而得名。原为已凋敝民宅，建筑结构完全损毁，设计师按照原有建筑规模，以当代结构形式调整了空间的虚实比例与院墙关系，重新诠释徽派空间精神的同时，让新建筑与古村融为一体，创造了一种新的、将田野纳入卧室、让人融入自然的无边界体验（图6-11）。

图6-11　答桂楼修复前后对比图

（3）可逆修复、古建新用——望山生活馆改造、汇秀桥修复

该案例在修复过程中融合了生态系统游憩功能、美学功能，具有教学价值。望山生活馆由130多年的老宅改造而成，原建筑临水而卧，改建先从保护入手，现场清理、修复、加固原有木结构；保留原有墙体和天井等特色，仅局部改变内部隔墙，进行可辨识、可逆性修复。把临溪墙体打通，改为玻璃观景落地窗，使幽暗的室内空间豁然开朗，户外的石堰、方塘和古桥

等风景破窗而入，室内外空间浑然一体。

生活馆旁的汇秀桥始建于乾隆四十二年（1777年），石栏杆已破损，存在严重的安全隐患。当地老百姓自发地仿照古代徽州廊桥的做法，在不破坏古桥的前提下"罩"了一座廊架，古桥得以新生，重新承载起了交通和游憩功能（图6-12）。

图6-12　望山生活馆、汇秀桥改造前后对比图

2.生态优农

研究和实践团队于2016年在婺源成立优农基地，旨在利用自然的力量和传统农业智慧，为更多人提供健康、生态、安全的食物。该基地采取了4年的休耕措施，有效地恢复了生态，改良了土壤，提升和巩固了土地的生产力。因休耕恢复后土壤质量好，基地在种植过程中始终坚持生态原则，不使用化肥增肥，不使用农药驱虫，确保产出健康、安全、绿色的作物。

生态优农策略维护了健康的自然和农业生态系统，鼓励农民走可持续的绿色农产品之路，拒绝农药和化肥培育下的低劣作物（图6-13）。优质优

图6-13　巡检司村民牧牛图

价的山间干货、野生茶叶、农家菜籽油、天然蜂蜜以及无添加农家美食等产品促进了当地的经济和就业，增强了村民的文化和社会认同。

3. 全域旅游

空间与行动的自由是人类福祉的重要指标。巡检司村山水柔美，人文锦绣，包含了乡土文化、水利设施、自然山水、历史建筑与街区等多类景观，并自古享有"书乡"的美誉，是国家级徽州文化生态保护试验区、"三大显学"之一——徽学的重要发祥地。"左右三公里，上下两千年"，历史之沧桑、风土之浑厚、景点之丰富、人物之密集，不胜枚举（图6-14）。在这里，可以充分体验全域旅游的理念，通过生态系统服务实现空间行旅自由。

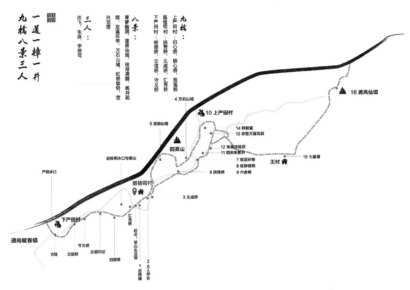

图6-14　巡检司村自由行旅图

4. 研学启智

思想与精神自由是人类的最终追求，天光云影，山形水色，花韵鸟情，稼穑田涛，感其形色之美，究其运行机理，可使人类获得思想自由与精神的满足。作为乡村振兴的现场教育基地，全国市长研修学院（住房和城乡建设部干部学院）在婺源巡检司村挂牌，理想人居与乡土景观研学也得以有序开展。

（1）全国市长研修基地

2020年10月22日，全国市长研修学院携手乡村振兴的践行者"望山生活"，于巡检司村正式挂牌"全国市长研修学院现场教学基地"（图6-15），并在后续为教学基地建设和学院培训工作开展提供有针对性的服务。各地干部来巡检司村研学、交流、合作，共创乡村振兴的美好未来。

图6-15 全国市长研修学院现场教学基地落户婺源巡检司村

（2）理想人居与乡土景观研学

巡检司村凭其高品质的生态系统服务，吸引了国内外师生和旅居人士在此参与望山学院和土人学社联合组织的研学活动：通过田野调查，体察乡村现状，深入了解乡村复兴与生态发展之路；在系统了解乡村本底的基础上，通过专业设计提高乡村景观品质，实现了从草图到设计，从模型到建造的培养模式（图6-16）。

5. 文创艺术

艺术彰显人类的身份，创造使人类有别于其他任何生命，通过艺术创造获得抒写自我身份的自由。"望山生活"将艺术与设计介入巡检司村，振兴乡村经济的同时使人们建立了良好的社会关系，收获了有价值的生活。

（1）基于"大脚美学"的田野舞台策划

2021年3月14日，为响应国家乡村振兴的号召，全国首届"望山田野舞台·婺源：最美乡村振兴传播达人赛"在巡检司村举行。舞台秀以巡检司村金色田野与乡村生活为鲜活背景，展示当地的非物质文化遗产、特色服装、油纸伞，以及代表当代最新生活理念和科技水平的设计产品，受到了村

图6-16　理想人居与乡土景观研学

民、各地游客和各大媒体的支持。活动发布预告的一夜之间，村民民宿被预订100多间，乡村振兴成效显著。该活动得到了5000万人的关注，巡检司村从名不见经传的小乡村变为了全国首个乡村振兴网络直播基地（图6-17）。

（2）中国首个5G乡村艺术生活馆

为践行习近平总书记"望得见山，看得见水，记得住乡愁"的美丽中国和美好生活理念，5G乡村艺术生活馆在巡检司村开幕，将艺术融入了乡村。画作取材于自然，旨在打造扎根在人民当中、乡村当中、大地当中的本土艺

图6-17　望山田野舞台现场活动照

术。整个乡村就是一个画廊，用当地特色陶和釉料为媒介将水彩画转化为水彩陶，景画相融，人在画中（图6-18、图6-19）。

图6-18　俞孔坚教授与他设计的
　　　　艺术竹编灯

图6-19　乡村路上的水彩陶画作

第四节　乡村振兴成效

研究和实践团队通过生态系统服务的完善和应用，在巡检司村走出了一条不完全依赖国家投入的、以可持续的商业模式来服务于社会的、便于长久运营的乡村振兴之路，使巡检司村脱贫不返贫。在为城市居民提供美好生活的同时，促进当地就业，带动地方经济发展，提升乡村文明水平，实现了城乡融合，让绿水青山成为"金山银山"。振兴成效具体表现为：

一、环境可持续

保护与修复了巡检司村的自然生态系统，促进了乡村生产生活方式的绿色转型，构建海绵国土的同时实现了碳汇（表6-1）。生态系统服务转化成了切实的人类福祉。

案例地生态效益一览表　　　　　　　表6-1

原有碳排放源		生态效益
生产	农业	化肥、农药	通过休耕、轮作、"以种带养，以养促种"等恢复土壤生产力。种植过程不使用农药和化肥
		电力灌溉、农业机械	修复并重新激活"堰—塘—圳"形成的传统农业水利系统，节约了水资源和相关设施的建设
		秸秆燃烧	秸秆还田，培肥地力
	工业	河道的固化、硬化工程	保护自然河道，维持河流自净功能和生物多样性
生活		住房的制冷与取暖	充分利用徽州建筑适应气候的智慧进行改造
		居民交通出行能耗	保护并修复慢行的乡村基础设施

二、产业发展，农民增收

土地得到重新利用，偏远的乡村兑现了生态系统服务，走出了一条不完全依赖国家投入的、以可持续的商业模式来服务于社会的乡村振兴之路。具体体现为：

（1）居民收入提高：2021年，巡检司村常住人口年均收入较2015年提升了71%。经居民自发修缮与改造的民居数量大大提升，2015年仅有10幢，2021年已达60幢，占总户数的55%。2～3年的时间内，村内临时工人的工资上涨了30%左右，经核实，两年前的临时工人大多已在村内有了固定的工作。

（2）农产品完成优质优价转型，村民生产积极性显著提升：绿色健康的农产品更受市场欢迎。如当地的郭顶红茶原用化肥和农药，售价约100元/斤。"望山生活"鼓励农民不比产量比质量，生产有机、安全、可溯源的"望山郭顶茶"，在市场得到了4000元/斤的认可。

（3）旅游业兴旺发展：2015年，巡检司村仅有少数画家前来采风和拜访。近年来，老百姓将自己家打造成为特色民宿，油菜花旺季、向日葵与水稻丰收季的民宿入住率达到了80%以上。

三、新秩序激发乡村活力

1.村内人口增加：青壮年们选择回乡工作。与2015年相比，2020年巡检司村常住人口增加了54%（图6-20）。

2.基础设施与公共服务设施得到完善：修缮了富有地方特色传统的村容村貌、保护了千年徽饶古道，可逆性地修复了三百年古廊桥，受雨涝之困的村道成了流水潺潺的美丽街道。

3.研学振兴教育：通过旁听研学课程，参与公益艺术创意课等，农民与孩子们了解了生态和文化知识，启蒙了绘画与设计能力，几乎每一位村民都成了"小导游"。

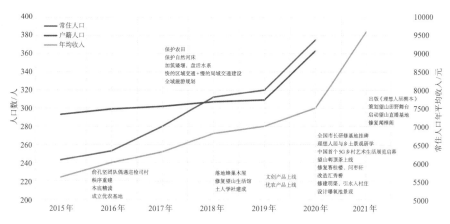

图6-20　巡检司村大事记及人口数、年收入的变化

四、文化遗产得到保护

物质类、非物质类文化遗产在遗产廊道的体系下被系统保护，当地人逐渐认识到了本土自然系统和文化景观的价值，增强了对脚下土地的归属感和认同感；村民们更加体会到了"绿水青山就是金山银山"。

第七章 | # 基于共享理念的传统村落发展建议

◎ 城乡多元主体共建的组织框架

◎ 共享共建共治传统村落

    ——多元主体的角色定位

◎ 建立与优化多元主体共建的多中心管理体系

在中国，并非所有的乡村都有基于共享理念进行振兴实践、为城市提供高质量生态系统服务的禀赋。本书所提供的乡村振兴的理念与视角，均建立在经过识别和甄选的传统村落的基础上。这些传统村落可凭借其区位便利性、资源稀缺性、自然与人文禀赋的独特性、政府与村集体的支持与包容等，成为振兴的目标乡村，从而以优质的生态与文化资源为核心，以乡村式的生活为基础，满足当代人对生活质量的追求。另一方面，对于目标传统村落的振兴理念、建设目标、旅游发展定位、审美导向等，都需要基于多利益主体，包括政府、村集体、企业、村民、专家学者、NEO（非政府组织）等的价值共识，多方主体共同保育生态本底，使其源源不断地提供生态系统服务；同时结合物质与非物质文化遗产的传承与利用，植入新兴产业，激活乡村活力，提升村民参与振兴实践的积极性，从而实现"绿水青山就是金山银山"。

第一节　城乡多元主体共建的组织框架

望山研究和实践团队介入西溪南村、巡检司村实践乡村振兴，一方面缘于政府的引进与支持；另一方面，与该村优越的自然本底与人文禀赋有关。两个村落独特的自然山水文化景观、水利遗产文化景观和历史建筑文化景观等，可以满足城市居民对生态系统服务和美好生活的向往，有利于推广绿色健康的生产和生活方式。城市居民在享受生态系统服务的同时，可以为乡村带来知识和财富，从而促进当地就业，带动地方经济发展，振兴凋敝的乡村。在乡村振兴实践中，为更好地理解和优化居民生活、经济发展和生态保护之间的关系，望山团队引导并建立了一个由政府、专家、村民、企业、媒体等共同组成的利益共同体和联合管理社区。

一、创新制度，协调资源，互为监督——与政府、村集体合作关系的建立

在各方主体基于共享理念建立合作关系的过程中，望山团队首先与政府和村集体建立了联系。

西溪南村的直接管控主体是徽州区政府与西溪南镇政府，村集体则主要承担传达及工作组织作用。黄山市创新的制度尝试——"百村千幢"工程促成了望山团队与政府、村集体和村民和谐关系的建立。2009—2013年，黄山市政府根据《历史文化名城名镇名村保护条例》《安徽省皖南古民居保护条例》等法律法规，大胆突破，推行"百村千幢"计划，吸引外来资本参与徽派历史建筑的保护。在政府及村集体的支持和协助下，望山团队得以申购或租赁古民居，从西溪南村整体规划和古民居修复入手，开展"望山生活"实验。2014年起，西溪南镇政府委托望山团队的重要组成部分——"土人设计"起草《徽州区西溪南古村落旅游综合开发项目概念规划》，形成了生态与文化协同发展的策略；2015—2016年，政府与土人设计对国家重点保护单位——老屋阁与绿绕亭进行保护性修复，强化文化保护，提升旅游吸引力；2022年，政府与"土人设计"推动艺术小镇开发，有望推动乡村经济与文化的进一步发展。

在巡检司村，上饶市、婺源县和赋春镇各级政府领导开拓创新，积极开展乡村振兴活动，创造各种条件，于2015年引进了"望山生活及土人设计"团队。为使宅基地市场化，激活乡村，村集体收购了村民破败的民居，并在政府的协调下，将部分土地产权转让或租赁给望山团队，团队得以对巡检司村的生态、生产和生活空间进行整体规划，并对古民居进行"可逆性"修复。在开发与运营的过程中，村集体不断地协调着望山团队与村民的关系，在维护村民利益的同时保障着巡检司村民宿、研学、优农、旅游、文创等各项业态的顺利开展。在政府、村集体与望山团队的合作下，乡村的基础设施逐渐完善，破败的民居得到修复，村委会出资改造公共设施，如桥、廊、道路等，提升了村落的景观风貌。望山团队主导的一期工程取得了卓越的成效，在即将开展的二期工程中，政府负责出资建设，望山团队负责景观设计与运营。

在两个村落的日常运营与管理中，政府与村集体一直支持着望山团队的工作，帮忙协调社会资源，也督促着望山团队对现有资源的开发与利用。而作为学术团体和设计团队的结合体，望山团队则扮演着村落发展顾问的角色，与政府、村集体一同商议村落发展的方向；同时，望山团队中的北京大学与"土人设计"团队，凭借其学术素养和专业能力，协调着多方矛盾，监督着乡土遗产的保护与利用，防止开发过程中产生无意识的破坏。如传统建筑的保护性开发方面，团队通过制定合理的设计方案，协调了村民注重功能性改造与市场注重历史性保留的矛盾。

为了进一步推动旅游业的发展，带动当地村民致富，政府与村委会经常邀请政府人员、高校学者、投资商等前来参观与学习这一基于自然、基于共享理念振兴乡村的典型案例，对外来企业进行招商引资。作为西溪南村和巡检司村规模最大、业态最为丰富的企业，望山生活的成功实践为外来企业提供了经营和管理的参考。团队也会应政府邀请考察周边村落，从学术与规划的角度给予指导和投资建议。

二、理解磨合，就业帮扶，适当引导——与村民合作关系的建立

在与村民的关系上，望山生活振兴乡村的多种业态为村民提供了就业岗位，在运营方面也摸索出了因地制宜、因时制宜的管理方式。一方面，各业态均需规范运营，制定规章制度，培养并提升受聘村民的服务意识；另一方面，村民在乡村风土人情的孕育下，有着自身的性格优势，淳朴善良、热心勤劳；且部分村民除有固定工作外，还需兼顾自家的农业劳作。所以，团队通过规章制度制定了服务的基本守则，但这并非"教条"，而可以结合实际，在运营团队与村民的不断理解与磨合中进行优化与调整，如在旅游淡季、农忙之际，受聘村民可通过灵活的换班、轮班等形式完成农作任务。团队成员与村民的互相体谅也有利于保留、发挥村民在服务业上的性格优势。团队除招聘固定人员在餐厅、民宿工作之外，还会临时聘请民俗文化的传承者，引导村民们带领游客制作当地的特色食物和手工艺品，开展炒制茶叶、打糍粑、做酒糟鱼、画油纸伞等活动。在这一过程中，村民们也逐渐意识到了传承和传播非物质文化的价值所在。在农业振兴及农产品帮扶方面，望山团队不仅租赁村民的闲置农田，还在播种、收割等时机返聘村民进行劳作，

望山餐厅的蔬菜、大米、佐料等也会向村民采买，为村民们带来收入，餐厅也成为村民自产的蜂蜜、辣椒等健康、有品质的绿色农产品的代销处。

团队深入了解并尊重村民的生活及生产需求，鼓励村民参与村落的共建共治。在政府、村集体与望山团队的共同建设下，西溪南村、巡检司村的旅游业快速发展，部分村民将自建房改为农家乐，在旅游旺季为游客提供餐饮和住宿。城市居民将城市文化带入乡村，促进了城乡的文化融合，村民的文明程度和综合素质有所提升，完成了不自觉的乡风建设。但与此同时，村民在改建自家房屋的过程中，可能会为了迎合城市居民对"美"和"时尚"的理解而破坏整体村貌。因此，西溪南镇政府规定，村民对民宅的外结构改造需要向政府申报，在保护整体风貌的前提下可进行合理的修缮；巡检司村也完成了古建筑的鉴别与定位工作，村民需与村委会协商后才能对其进行改造或加固。

三、解读乡土，艺术激活，传媒赋能——与学术、艺术、传媒团体合作关系的建立

近年来，望山团队和政府积极地与国际型的学术团队、艺术家团体、传媒团体合作，传承并弘扬西溪南村、巡检司村的物质与非物质文化，不仅扩大了两个村落的知名度，还通过艺术、设计与文化介入的方式激活了乡村活力。正如前文提到的，在疫情前，团队与政府邀请国内外高校来乡村研学，考察与体验世世代代的村民的生活智慧，包括生态环境的可持续保护与利用、社会环境的营造、精神信仰的传承与演变等，在寻常的乡村景观中发现研究课题，揭示景观的含义。2021年，西溪南镇望山生态营成为首批国家青少年自然教育绿色营地；2022年，巡检司村被江西省委党校选作生态实践基地，定期开展生态实践与精神文明教育。受自然与人文环境的吸引，各艺术家团队也纷纷在村中建立文创工作室，引导村民加入文艺创作，为乡村非物质文化遗产注入创新力量。与传媒团体的成功合作既是传播这一新生活方式的重要渠道，也是乡村振兴成效显著的侧面反映。在媒体的协助下，政府与团队将西溪南村定位为"中国的绿野仙踪"，村口的枫杨林也成为各大平台宣传的着眼点；巡检司村的"望山田野舞台"和"望山田野直播基地"也通过体验和直播的方式，传播了生态文明和美好生活方式，成为各

类生活消费产品，尤其是体现绿色生活方式的产品推广销售平台。2021年，巡检司村被中央广播电视总台央视农业农村频道《我的美丽乡村》栏目报道；2022年，巡检司村基于自然的乡村振兴模式作为生态保护和修复经验典型代表，登上《焦点访谈》，为全球乡村建设提供了中国范式。

综上，多方主体共同讨论并审查村落发展规划，监督文化遗产的保护进程，推进乡村卫生及社会秩序的改善，保证了资金投入的长期稳定、治理过程的包容与透明、各利益相关方的平衡与互相尊重，成为振兴传统村落的中坚力量，西溪南村、巡检司村得以持续、稳定地发展（图7-1）。

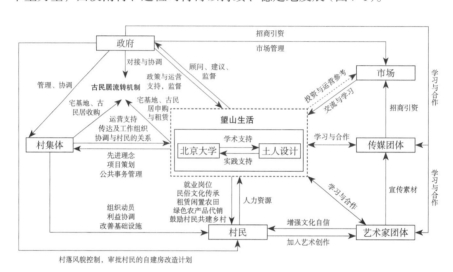

图7-1　多利益主体共建共享共治乡村的关系网络

第二节　共享共建共治传统村落
——多元主体的角色定位

与政府主导型、集体主导型、企业主导型等单一主体主导的传统村落发展模式不同，基于共享理念的多元主体共建模式兼顾了多类主体的利益需求。共享共治型强调"多中心秩序"，多元主体共同参与、协同发展，实现了基于自然的、文化遗产活态保护的传统村落振兴与发展。

本书研究的共享共建共治局面是在传统村落（或"遗产村落"）建立的，这类村落具有历史价值、文化代表性和整体传承性，富有物质和非物质文化遗产，其自然山水格局、水利遗产、历史建筑、宗族文化、民风民俗等都是宝贵的遗产，具有为城市居民提供城市缺乏的生态系统服务（包括文化服务）的潜力，应该被优先振兴。这类乡村的合理保护与开发离不开多元主体合作机制的建立，而这一机制建立的基础，是明确各主体的角色定位。

一、企业的角色：责任意识、积极合作、创造市场

与普通企业不同，本书提及的"望山生活"是学术团队、设计师与企业的结合体。在"望山生活"中，学术团队和设计师作为乡村振兴的专业主体，了解新时代下通过乡村振兴建立基于生态系统服务的新城乡关系的潜力，并用活态保护的思路对待乡村遗产，通过本底精读、生态基础设施保护与修复、"五位一体"的产品策略等指导着乡村的发展，避免了乡村振兴过程中对生态及文化遗产的破坏；而其又具有企业提供物质及财力的能力，开发、运营与管理乡村。"望山生活"的双重属性既避免了过度资本化运作对乡村造成的危害，又使得学术思想能够通过实践落地，切实地振兴乡村。

"望山生活"的特质为本研究探索企业应在传统村落振兴中扮演怎样的角色有所启发。首先，相较于政府和科研人员，大多企业或更擅长于在乡村创造为城市居民提供生态与文化服务的市场，使城市居民为生态与文化服务产生的价值付费。但与一般企业以利润追求为核心业务不同，需要承担更多的社会与环境责任，以对自然与文化遗产进行可持续的保护与利用。为达成这一目标，企业一方面可以与学术团体合作，在专业研究的基础上，对文化遗产合理地活化利用；另一方面，企业也需要受政府监管、吸纳公众意见，参考各方建议来制定开发计划和运营举措。

二、政府与村集体的角色：协调监管、基层党建、开放创新

政府需要以透明的、包容的方式进行总体调控与监管，保障振兴过程的公平公正。政府既需要夯实党建基础，发挥党员引领、能人带领作用，创造条件，开拓创新，招商引资，吸引优秀人才与外来企业共建乡村；也需要对于其他主体的举措进行监督，避免开发过程中对自然与文化遗产产生有意识的、无意识的破坏。与此同时，政府也应从善如流，学习治理乡村的先进理念，吸纳专业人员的整治意见和企业人员的运营意见，不断地更新乡村

治理的行政思维与市场思维，充分挖掘乡村的生态与文化优势资源，全方位地推进乡村的组织振兴、产业振兴、人才振兴、生态振兴与文化振兴。

村集体作为基层组织，既是政策的执行者，也是村民利益的代表。在振兴过程中，应不断加强对村干部的管理，充分发挥党员干部的带头作用，引领村民养成文明乡风，并及时协调外来企业、村民和其他主体的利益，保障多方的理解与共赢。

三、村民的角色：关注家乡发展，积极投入建设

村民是乡村的主体。但在振兴过程中，村民又往往处于弱势，易被忽略。因此，村民的利益不仅需要自身去争取，更需要政府、企业与其他主体的保障与维护。使村民体会到乡村振兴带来的利益是调动他们劳动积极性的关键。对于村民来说，应及时关注家乡的发展，认为乡村发展是政府的事情、企业的事情的村民，往往也享受不到发展带来的红利。但村民常因经营经验不足、个人资本薄弱、投资不受保障等原因，不愿加入乡村发展的潮流之中。因此，政府应鼓励村民积极参与振兴过程，为其投资、创业等提供指导与支持，当多利益主体产生冲突时，政府应首先保障村民的利益，做好协商工作。企业也应结合实际需求，为村民提供一定的就业岗位，帮助村民代销农产品与农副产品，促进村民增收。其他主体也应在加入与运营过程中不断摸索乡村社会的特征，调整适应乡村的经营模式和与村民相处的模式，鼓励村民共建乡村，与村民建立友好关系。

第三节　建立与优化多元主体共建的多中心管理体系

在以生态系统服务为纽带的新城乡关系中，城乡多元主体共建的传统村落振兴模式强调乡村振兴应以维护生态系统的健康为前提，以增进农民福祉为导向，抓住城市化带动消费升级的历史机遇，健全城乡融合的体制机制。而构建一套可操作的共建共治共享机制对实现这一目标至关重要。

一、多元主体共建易出现的问题分析

"打造共建共治共享的社会治理格局"在2017年党的十九大报告中已被提出；2020年，我国又进一步提出了构建党组织领导的、共建共治共享的乡村善治新格局。本书倡导的"多元主体共建"与共建共治共享的乡村善治新格局有众多相似之处。具体来说，"共建共治共享"是多元主体共建的一种理想状态，但现实情况则较为复杂。一方面，多元主体共建是一种博弈过程，各利益主体不断更替，互相影响，互成网络，不存在绝对而永恒的某一主体。对于不同乡村而言，起主导作用的利益主体有所不同；在同一乡村的不同时期，起主导作用的利益主体也在不断变化。另一方面，各利益主体决策权力不同，表现在政府主体的强制权、本地主体的合法权、外来主体的经济权、社会主体的胜任权四个方面，在具体实践中，各主体的实际权力差异明显，受重视程度不平衡，容易出现如下问题：

（1）各利益主体的诉求表达不明确，受重视程度不平衡，弱势主体的权益常被忽视。这受限于实践过程中交流平台的缺乏、信息透明度不足、文化认知的障碍与需求的复杂多变。

（2）政府主体主导的自上而下的乡村建设模式导致其他主体被动参与，只能在结果出现时选择接受还是抗议。这是由于缺乏全程参与及合议决策导致的。

（3）外来主体（企业）主导乡村改造强调短期利益与精英审美，往往忽视村民认同并造成文化胁迫，有时出现过度重视商业价值而忽视社会价值的危险。

（4）社会主体（尤其是规划专家）的工作方式脱离地方，缺乏独立性，被权力与资本裹胁。即便地方政府权力逐渐下放，规划设计师过分的表现欲和成就欲或多或少影响了他们对乡村问题的判断，以城里人的眼光和思维去理解乡村、陷入过度追求乡村艺术美感，而忽略村民生活生产需求的困境以及乡村的原有机理和自然过程。

因此，为形成理想的共建共享共治局面，本地主体应该形成联合，提高整体博弈能力与资源保护能力；外来主体应该对乡村风貌与文化保护承担一定责任，明晰"景观权利"与"景观义务"的边界；政府主体应该逐步

成为博弈的组织者与仲裁者，引导并应对乡村多主体多层级的博弈过程；社会主体中的研究者与规划专家应该成为重要的指导与监督力量，成为博弈的协调者与监督者（图7-2）。

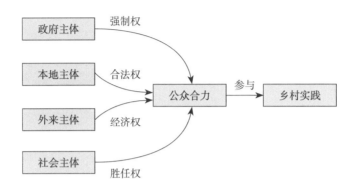

图7-2　多利益主体参与乡村实践的过程

二、人地关系稳定的核心：提升本地主体的能动性

乡土聚落景观演变过程中，多利益主体一直存在，只是在当代变得更为多元，且存在着外来群体话语权越来越大的趋势。在不同时期，多利益主体有着不同的组合方式，随着政府主体与外来主体的影响逐步强化，乡土聚落景观演变中的多利益主体的作用与影响，逐渐由历史上以本地主体为主导的管理体系发展为当代多元主体并存、政府和外来主体主导的管理体系。

尽管如此，本地人对村落的地方认同仍是维持村落人地关系稳定的核心，乡村的历史传统、自治管理体制和集体土地制度也决定了本地社区（村民）在多利益主体中应享有优先地位。因此，乡村旅游开发不仅要注重经济效益，更要注重文化延续及村民归属感、获得感的提升，村民的参与不可或缺。为提升本地主体的能动性，本书研究提出两条可尝试的途径：

（1）通过教育、通过新乡贤与乡村公益组织带动，扭转本地主体主观能动性差的现状。本地主体虽然总量庞大，但在个体能力上是弱势的，其核心问题在于权益意识不强及力量的碎片化。因此，需要通过教育及有效组织来激发其主体能动性。可以参照明清时期的"文会"制度，将村里资源丰富或影响较大的乡贤组织起来，并积极推举外来移民为新乡贤代表，由外来者带动本地人，这是本地主体形成有效组织的一种可能。

（2）鼓励新工匠团的形成与传承，推动城市化建造转变为新乡土营造（图7-3）。常规的乡村开发多以政府主体或外来主体为主导，通过施工资质门槛将本地主体孤立在建造过程之外。城市的施工模式不仅导致了标准化或造作化的乡村景观，并且破坏了乡土建造与村民的内向联系，难以得到地方认同。因此，可尝试将多利益主体共同纳入施工过程：降低施工准入门槛，发动村民成立施工队伍，再通过企业管理、设计管控、工匠指导等方式保障工程品质；政府主体充分授权给外来主体（企业），仅就项目立项审批和最终成果验收进行严格把关；外来主体授权社会主体（专家与设计团队）与本地主体（新工匠团）共同探讨地域性设计与建造手段。

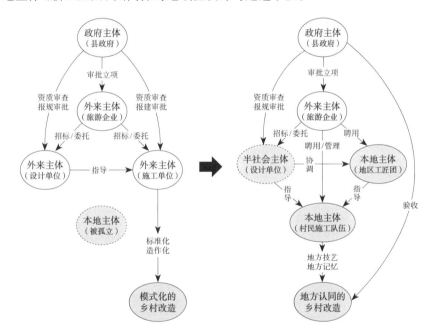

图7-3　从城市化建造转变为新乡土营造

三、搭建工作平台，促进平等对话

在多元主体共建传统村落的过程中，政府应作为组织者和仲裁者进行介入，促进博弈群体间平等对话，保障博弈流程相对公开公正。而在具体实践中，则应促进工作平台的搭建，以平衡多利益主体，引导并应对乡村多主体多层级的博弈。

理想的权益平衡需要三个条件：理性而独立的主体、对等而透明的协

商机制与对等而相当的交换能力。在乡村中，多利益主体的独立程度虽有偏差但总体是理性的。他们的支付能力虽然相差较大，但本地主体有资源，外来主体有资本，政府主体有权力，社会主体有知识，各主体尚有合作的基础。对等而透明的协商机制是目前最缺乏的，调整乡村建设的协商与决策机制是平衡多利益主体权益的关键所在。因此，搭建工作平台是促进多元主体共建的重要举措。

将利益相关者纳入决议平台，有利于使得各利益主体具有更好的知情权与合议权，从而提升协商与决议效果。工作平台的核心特征有三个方面：长效性，对项目建设从前期策划到中期建设乃至后期评估都全程介入，并保持永久监督功能；多元性，多主体决策而非简单的单一行政决策；权威性，共同决策具有法定效力，具有执行能力。这种平台可以针对具体项目单独设定，也可以在乡村建设的过程中形成常设机构，可以设立县、乡（镇）、村级乡村建设工作平台，重大的项目决议需要多利益主体的代表共同决议。在项目的决策初期，先通过统计将核心的多利益主体筛选出来，通过访谈与沟通形成草案，而后联合成立永久工作平台，通过代表发表意见与投票决议的方式参与项目的策划、决策、设计、施工、后期管理等各项事务。

工作平台的搭建不仅需要政府的引导，更需要各主体的通力合作，本地主体要积极主动地保障自我权益，外来主体要明确诉求并接受约束，政府主体要学会放权并进行协调，社会主体要从政策协助制定者与研究者转化为平台的维护者与监督者。为使工作平台中的各利益主体达到责权平衡与多方认同，三类核心主体：直接投入资源与经济成本的基层政府、文旅开发者与当地村民应秉持如下原则（图7-4）：

（1）最小干预原则：政府主体在乡村旅游开发中拥有与自身法定的行政许可不符的决定权，适度放权利于效率提升。实践中鼓励自下而上的非正式制度、市场手段对正式制度进行补充，这对于历来自治的乡村尤为重要，向上易于衔接上层政策，向下易于凝聚社区共识。工作平台的构建与维持更需要政府转变思路，由直接领导者转变为合作者与评估者。

（2）融合分享原则：当地社区拥有乡村旅游开发最大的合法性，在设计与建造过程中却无力干预，也不能很好参与经济活动，众多研究将根源指向社区被开发主体和决策过程排斥在外。因此社区参与、融合分享被视为促进社区主动参与旅游发展的重要途径，通过经济、心理、社会等多种途径赋权

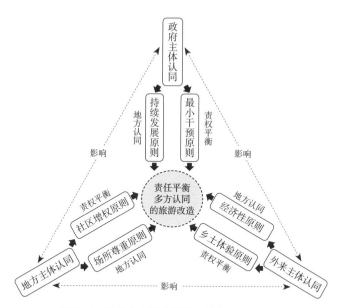

图7-4　核心多利益主体协同的乡村建设原则

可提升本地主体的博弈能力。在保障根本的居住权和土地承包权的前提下，在建立必要的福利保障机制的前提下，通过集体和农户资产的资本化和自由流通，是实现社区融合分享的根本。

（3）乡土遗产保护原则：外来主体是乡村旅游主要的建设者与获利者，对乡村风貌负有一定责任。由于开发时限和经济成本的约束，乡村旅游开发往往照搬城市化的建设模式，容易破坏乡村特色。乡土体验原则要求维持乡村景观的野趣，应优先使用经济但具有特色的乡土材料；应保护乡土植物，拒绝城市园林植物进入乡村；保护自然河流，避免河堤硬化工程等。

参考文献

［1］TELESETSKY A. Eco-restoration，private landowners and overcoming. the status quo bias[J]. Griffith Law Review，2017，26（2）：248-274.

［2］ANTROP M. Why landscapes of the past are important for the future[J]. Landscape and Urban Planning，2005，70（1-2）：21-34.

［3］BIRKS H H，BIRKS H J B，KALAND P E，et al. The cultural landscape：past，present and future[M]. Cambridge：Cambridge University Press，2004.

［4］BUANES A，JENTOFT S，MAURSTAD A，et al. Stakeholder participation in Norwegian coastal zone planning[J]. Ocean & Coastal Management，2005，48（9-10）：658-669.

［5］BYRNE D. Western hegemony in archaeological heritage management[J]. History and Anthropology，1991，5（2）：269-276.

［6］CEVAT T. Roots of unsustainable tourism development at the local level：the case of Urgup in Turkey[J]. Tourism Management，1998，19（6）：595-610.

［7］CLARKE T. Alternative modes of co-operative production[J]. Economic and Industrial Democracy，1984，5（1）：97-129.

［8］CLARKSON M. A stakeholder framework for analyzing and evaluating corporate social performance [J]. Academy of Management Review. 1995，20（1）：92-117.

［9］FILOLA S，KÄYHKÖ N，FERDINANDS A，et al. A bird's eye view of my village—Developing participatory geospatial methodology for local level land use planning in the Southern Highlands of Tanzania[J]. Landscape and Urban Planning，2019，190：103596.

［10］ESTRADA-CARMONA N，HART A K，DECLERCK F A J，et al. Integrated landscape management for agriculture，rural livelihoods，and ecosystem conservation：An assessment of experience from Latin America and the Caribbean[J]. Landscape and Urban Planning，2014，129：1-11.

［11］FREEMAN R E，EVAN W M. Corporate govemance：A stakeholder

interpretation[J]. Journal of Behavioral Economics. 1990, 19(4): 337-359.

[12] FREEMAN R E. Strategic management: A stakeholder approach [M]. Boston: Pitman, 1984: 46.

[13] GEBRE T, GEBREMEDHIN B. The mutual benefits of promoting rural-urban interdependence through linked ecosystem services[J]. Global Ecology and Conservation, 2019, 20: e00707.

[14] GIBB H, HUCHULI D F. Habitat fragmentation in an urban environment: Large and small fragments support arthropod assemblages[J]. Biological Conservation, 2002, 106(1): 91–100.

[15] HOCHLEITNER R D, IKEDA D. Un diálogo entreOriente y Occidente: en busca de la revolución humana[M]. Barcelona: Círculo de Lectores, 2009: 81.

[16] AUSTRALIA ICOMOS. The burra charter: The Australia ICOMOS charter for places of cultural significance(1999)[EB/OL]. [2019-11-17]. https://australia.icomos.org/wp-content/uploads/BURRA_CHARTER.pdf.

[17] ICOMOS. The venice charter (1964)[EB/OL]. (2011-11-11)[2019-11-17]. https://www.icomos.org/en/179-articles-en-francais/ressources/charters-and-standards/157-the-venice-charter.

[18] KARJALA M K, DEWHURST S M. Including aboriginal issues in forest planning: A case study in central interior British Columbia, Canada[J]. Landscape and Urban Planning, 2003, 64(1-2): 1-17.

[19] LAYTON R. Introduction: conflict in the archaeology of living traditions[M]// LAYTON R(eds). Conflict in the Archaeology of Living Traditions. London: Unwin Hyman, 1989: 1-21.

[20] LAYTON R. Introduction: who needs the past?[M] // LAYTON R(eds). Who needs the past: Indigenous Values and Archaeology. London: Unwin Hyman, 1989: 1-18.

[21] Millennium Ecosystem Assessment. Ecosystems and human well-being: Synthesis[M]. Washington DC: Island Press, 2005.

[22] MITCHELL R K, AGLE B R, WOOD D J. Toward a theory of stakeholder identification and salience: Defining the principle of who and what really counts[J]. Academy of Management review, 1997, 22(4): 853-886.

[23] NAGENDRA H, OSTROM E. Polycentric governance of multifunctional forested landscapes[J]. International Journal of the Commons, 2012, 6(2): 104-133.

[24] OSTROM E. Beyond markets and states: Polycentric governance of complex

economic systems[J]. American Economic Review，2010，100（3）：641-672.

［25］OSTROM V，TIEBOUT C M，WARREN R. The organization of government in metropolitan areas：A theoretical inquiry[J]. American Political Science Review，1961，55（4）：831-842.

［26］OSTROM V. The political theory of a compound republic：Designing the american experiment [M]. 2nd ed. San Francisco：ICS，1987：240.

［27］OSTROM V. The meaning of american federalism：Constituting a self-Governing society[M]. San Francisco：ICS，1991：301.

［28］OSTROM V. The meaning of democracy and the vulnerability of democracies：A response to tocqueville's challenge[M]. Ann Arbor：University of Michigan Press，1997.

［29］POULIOS I. Discussing strategy in heritage conservation：Living heritage approach as an example of strategic innovation[J]. Journal of Cultural Heritage Management and Sustainable Development，2014，4（1）：16-34.

［30］POULIOS I. Is every heritage site a "living" one? Linking conservation to communities association with sites[J]. The Historic Environment：Policy & Practice，2011，2（2）：144-156.

［31］POULIOS I. Moving beyond a values-based approach to heritage conservation[J]. Conservation and Management of Archaeological Sites，2010，12（2）：170-185.

［32］POULIOS I. Energy investments，historic environments and local communities：Lessons from the greek experience [EB/OL]. [2019-11-17]. http：//www.an-patrimoine-echanges.org/IMG/pdf/session_s4-ioannis_poulios_-_universite_de_grece_-_athenes_grece.pdf.

［33］QIU Z，CHEN B，TAKEMOTO K. Conservation of terraced paddy fields engaged with multiple stakeholders：The case of the Noto GIAHS site in Japan [J]. Paddy and Water Environment，2014，12（2）：275-283.

［34］RUBIN J. Por qué el mundo está a punto de deshacerse[M]. Buenos Aires：Tendencias，2010：283.

［35］SAITO H，RUHANEN L. Power in tourism stakeholder collaborations：Power types and power holders[J]. Journal of Hospitality and Tourism Management，2017，31：189-196.

［36］SAUTTER E T，LEISEN B. Managing stakeholders：a tourism planning model[J]. Ananals of Tourism Research，1999，26（2）：312-328.

［37］SIMMONDS J. UNESCO world heritage convention[J]. Art，Antiquity and

Law，1997，2（3）：251-281.

［38］SMITH L. Uses of Heritage[M]. London：Routledge，2006.

［39］TAYLOR K，LENNON J. Cultural landscapes：a bridge between culture and nature?[J]. International Journal of Heritage Studies，2011，17（6）：537-554.

［40］UCKO P J. Foreword[M].// David L C，Hubert J，Reeves B，et al. Sacred Sites，Sacred Places. London：Routledge，1994：xiii-xxiii.

［41］UCKO P J. Foreword[M]// GATHERCOLE P，LOWENTHAL D. The Politics of the Past. London：Unwin Hyman，1990：ix-xxi.

［42］UNESCO. Convention concerning the protection of world cultural and natural heritage（1972-11-16）[EB/OL]. [2019-11-17]. http：//whc.unesco.org/en/documents/170665.

［43］UNESCO. Report of the world herigate committee eighteenth session[EB/OL]. （1995-01-31）[2019-11-17]. http：//whc.unesco.org/archive/repcom94.htm#global.

［44］UNESCO. Operational guidelines for the implementation of the world heritage convention（1992-3-27）[EB/OL]. [2019-11-17]. http：//whc.unesco.org/archive/opguide92.pdf.

［45］UNESCO. Operational guidelines for the implementation of the world heritage convention（1994）[EB/OL]. [2019-11-17]. http：//whc.unesco.org/archive/opguide94.pdf.

［46］ICOMOS. The Nara document on authenticity（1994）[EB/OL]. （2012-01-11）[2019-11-17]. https：//www.icomos.org/en/179-articles-en-francais/ressources/charters-and-standards/386-the-nara-document-on-authenticity-1994.

［47］UNESCO. Report of the world herigate committee twelfh session [EB/OL]. （1988-12-23）[2019-11-17]. http：//whc.unesco.org/archive/repcom88.htm#455.

［48］VANDENBUSSCHE L. Mapping stakeholders' relating pathways in collaborative planning processes；A longitudinal case study of an urban regeneration partnership[J]. Planning Theory & Practice，2018，19（4）：534-557.

［49］WAI A T P，NITIVATTANANON V，KIM S M. Multi-stakeholder and multi-benefit approaches for enhanced utilization of public open spaces in Mandalay city，Myanmar[J]. Sustainable Cities and Society，2018，37：323-335.

［50］WHEELER D，MARIA S. Including the stakeholders：The business case[J].

Long Range Planning. 1998，31，（2）：201 -210.

［51］WHIRAP. The HUL guidebook（2016）[EB/OL]. [2021-05-04]. http：// historicurbanlandscape.com/themes/196/userfiles/download/2016/6/7/ wirey5prpznidqx.pdf.

［52］WIJESURIYA G. The past is in the present：perspectives in caring for Buddhist heritage sites in Sri Lanka（2005）[EB/OL]. [2019-11-17]. https：//www.iccrom.org/sites/default/files/publications/2019-11/iccrom_ics03_ religiousheritage_en.pdf.

［53］拜茹，尤光付. 自主性与行政吸纳合作：乡村振兴中基层社会治理模式的机制分析[J]. 青海社会科学报，2019（1）：72-80.

［54］保继刚，苏晓波. 历史城镇的旅游商业化研究[J]. 地理学报，2004，59（3）：427-436.

［55］卞利. 明中叶以来徽州争讼和民俗健讼问题探论[J]. 明史研究，1993（1）：75-84.

［56］曹泽昊. 基于村民意愿的村庄规划策略研究[D]. 兰州：兰州交通大学，2017.

［57］陈明. 国民经济恢复时期（1949-1952年）的城乡关系研究 [J]. 四川大学学报：哲学社会科学版，2004（S1）：117-119.

［58］陈耀华，杨柳，颜思琦. 分散型村落遗产的保护利用——以开平碉楼与村落为例[J]. 地理研究，2013，32（2）：369-379.

［59］戴洁茹. 古村落、法国家庭旅馆与农家乐：安徽黄山唐模村的三种旅游实践与符号竞争[D]. 厦门：厦门大学，2017.

［60］杜晓帆. 保持文化遗产在时代变迁中的生命力——村落文化景观的保护与可持续发展[J]. 今日国土，2006（9）：29-31.

［61］费孝通. 乡土中国[M]. 北京：北京出版社，2004.

［62］巩胜霞. 皖南乡村旅游农民利益最大化经营模式研究——以西递、宏村为例[D]. 合肥：安徽大学，2012.

［63］关江华，黄朝禧. 农村宅基地流转利益主体博弈研究[J]. 华中农业大学学报（社会科学版），2013（3）：30-35.

［64］何仲禹. 旅游开发对我国历史文化村镇的影响研究[D]. 北京：清华大学，2008.

［65］黄庭晚，张大玉. 中国传统村落遴选指标与价值评价演变研究[J]. 城市规划，2022，46（10）：72-77.

［66］黄祖辉. 准确把握中国乡村振兴战略[J]. 中国农村经济，2018（4）：2-12.

［67］贾生华，陈宏辉. 利益相关者的界定方法述评[J]. 外国经济与管理，2002，

24（5）：13-18.

［68］金太军，施从美．乡村关系与村民自治[M]．广州：广东人民出版社，2002：86-91，97，125-131.

［69］金准．利益相关者格局与古村镇旅游——基于制度分析的视角[J]．中国社会科学院研究生院学报，2017（5）：68-74.

［70］李德明，程久苗．乡村旅游与农村经济互动持续发展模式与对策探析[J]．人文地理，2005，83（3）：84-87.

［71］李吉来．民营资本介入古村镇遗产保护与旅游开发的商业模式研究[D]．上海：华东师范大学，2013.

［72］李凌方．城中村违法建设发生逻辑及治理机制研究[D]．武汉：华中科技大学，2019.

［73］李鑫．基于可持续发展理论的古村镇旅游研究[D]．大连：辽宁师范大学，2010.

［74］廖玉娟．多主体伙伴治理的旧城再生研究[D]．重庆：重庆大学，2013.

［75］刘伯山．重寻徽州——转型期徽州乡村的民间记忆与民间书写[M]．桂林：广西师范大学出版社，2015：4-6.

［76］刘彦随．中国新时代城乡融合与乡村振兴[J]．地理学报，2018，73（4）：637-650.

［77］刘逸，黄凯旋，保继刚，等．嵌入性对古村落旅游地经济可持续发展的影响机制研究——以西递、宏村为例[J]．地理科学，2020（1）：128-136.

［78］刘智英，马知遥．2014年中国传统村落研究述评[J]．河南教育学院学报：哲学社会科学版，2015，34（2）：22-28.

［79］楼吉昊．基于遗产价值的坪坦河谷侗族村寨传统管理模式研究[D]．北京：清华大学，2015.

［80］吕忠梅．美丽乡村建设视域下的环境法思考[J]．华中农业大学学报（社会科学版），2014（2）：1-9.

［81］马翀炜，张爱谷．乡村旅游与制度建构——以玉龙县美泉村旅游合作社为例[J]．广西民族大学学报：哲学社会科学版，2009，31（4）：46-51.

［82］马云飞．"关键利益主体"视角下的企业租赁型古村落景区管理模式探讨——以世界文化遗产宏村为例[J]．经济研究导刊，2011（14）：114-115.

［83］迈克尔·博兰尼．自由的逻辑[M]．长春：吉林人民出版社，2002.

［84］欧阳文婷，吴必虎．旅游发展对乡村社会空间生产的影响——基于开发商主导模式与村集体主导模式的对比研究[J]．社会科学家，2017（4）：96-102.

［85］齐恩平．我国农村土地政策的历史演进与比较分析[J]．天津师范大学学报

（社会科学版），2014（1）：57-61.

［86］史书菡. 明清至民国时期徽州水文化景观的可持续机制[D]. 北京：北京大学，2020.

［87］孙华. 传统村落保护的学科与方法——中国乡村文化景观保护与利用刍议之二[J]. 中国文化遗产，2015（5）：62-70.

［88］孙华. 传统村落的性质与问题——我国乡村文化景观保护与利用刍议之一[J]. 中国文化遗产，2015（4）：51-58.

［89］孙九霞. 赋权理论与旅游发展中的社区能力建设[J]. 旅游学刊，2008，23（9）：22-27.

［90］孙喜红，贾乐耀，陆卫明. 乡村振兴的文化发展困境及路径选择[J]. 山东大学学报：哲学社会科学版，2019（5）：10.

［91］唐国建，王辰光. 回归生活：农村环境整治中村民主体性参与的实现路径——以陕西Z镇5个村庄为例[J]. 南京工业大学学报：社会科学版，2019，18（2）：24-37+111.

［92］唐力行. 明清徽州的家庭与宗族结构[J]. 历史研究，1991（1）：147-159.

［93］万磊. 理与义：乡村振兴中的资本与精英[D]. 武汉：华中师范大学，2020：10-50.

［94］王瑾. 农村土地征用过程中多元利益主体博弈的社会学分析[D]. 济南：山东大学，2013：30-38.

［95］王立胜. 人民公社化运动与中国农村社会基础再造[J]. 中共党史研究，2007（3）：28-33.

［96］王韬. 村民主体认知视角下乡村聚落营建的策略与方法研究[D]. 杭州：浙江大学，2014：3-20.

［97］王韡. 徽州传统聚落生成环境研究[D]. 上海：同济大学，2006.

［98］王淑佳. 社区营造视角的古村落旅游开发与保护研究[D]. 广州：华南理工大学，2013.

［99］王兴斌. 中国自然文化遗产管理模式的改革[J]. 旅游学报，2002，17（5）：15-21.

［100］王亚华. 农村土地"三权分置"改革：要点与展望[J]. 人民论坛·学术前沿，2017（6）：56-60.

［101］王咏，陆林，章德辉，等. 古村落型旅游地管理体制研究——以黟县西递、宏村为例[J]. 安徽师范大学学报，2006，29（3）：294-297+306.

［102］温铁军. 八次危机：中国的真实经验1949—2009[M]. 北京：东方出版社，2013：3-9.

［103］吴必虎，伍佳. 中国乡村旅游发展产业升级问题[J]. 旅游科学，2007（3）：

11-13.

[104] 吴昌华，崔丹丹. 千年生态系统评估[J]. 世界环境，2005（3）：10.

[105] 伍琳瑜，刘静娴. 政府主导型美丽乡村建设模式的共性问题与主体定位[J]. 生态经济，2017，33（10）：226-230.

[106] 新华网.（受权发布）中国共产党第十九届中央委员会第四次全体会议公报[EB/OL].（2019-10-31）. http://www.xinhuanet.com/politics/2019-10-31/c_1125178024.htm?baike.2019-10-31/2019-12-09.

[107] 熊明均，郭剑英. 西部古镇旅游发展的现状及开发模式研究[J]. 西华大学学报（哲学社会科学版），2007，26（3）：75-78.

[108] 徐嵩龄. 中国遗产旅游业的经营制度选择——兼评"四权分离与制衡"主张[J]. 旅游学刊，2003，18（4）：30-37.

[109] 许承尧. 歙事闲谭[M]. 合肥：黄山书社，2001.

[110] 杨莹，孙九霞. 乡村旅游发展中社会组织的公益实践与行为逻辑研究[J]. 贵州民族研究，2021，42（1）：158-164.

[111] 杨洁莹，张京祥. 基于法团主义视角的"资本下乡"利益格局检视与治理策略——江西省婺源县H村的实证研究[J]. 国际城市规划，2020，35（5）：98-105.

[112] 杨礼玉. 明清时期徽州文会研究[D]. 芜湖：安徽师范大学，2011：18-23.

[113] 杨良敏，刘长杰，蒋志颖. 宏村：敬畏心与进取心成就的乡村典范[J]. 中国发展观察，2019（16）：18-23+40.

[114] 叶云，王芊. "美丽乡村建设"项目"异化"的表现、缘由与修正路径——以湖北M村为例[J]. 湖北社会科学，2016（9）：72-78.

[115] 应天煜. 中国古村落旅游"公社化"开发模式及其权力关系研究——以皖南西递村与宏村为例[D]. 杭州：浙江大学，2006.

[116] 俞孔坚. "新上山下乡运动"与传统村落保护及复兴——徽州西溪南村实践[J]. 中国科学院院刊，2017，32（7）：696-710.

[117] 俞孔坚. 关于防止新农村建设可能带来的破坏、乡土文化景观保护和工业遗产保护的三个建议[J]. 中国园林，2006，22（8）：8-12.

[118] 云翃. 旅游导向型徽州遗产村落的文化景观连续性研究[D]. 北京：北京大学，2021.

[119] 张蕊. 后疫情时代地方高校智库服务乡村振兴的现状及路径优化[J]. 云南行政学院学报，2020，22（4）：141-146.

[120] 张高军，易小力. 有限政府与无限政府：乡村振兴中的基层政府行为研究[J]. 中国农村观察，2019（5）：32-52.

[121] 张浩龙，陈静，周春山. 中国传统村落研究评述与展望[J]. 城市规划，

2017，41（4）：74-80.

［122］张杰.当前规划环境影响评价遇到的问题和几点建议[J].环境与发展，2018，30（1）：21+23.

［123］张进福.经营权出让中的景区类型与经营主体分析[J].旅游学报，2004，19（1）：11-15.

［124］张克中.公共治理之道：埃莉诺·奥斯特罗姆理论述评[J].政治学研究，2009（6）：83-93.

［125］张梦.旅游产品核心竞争力的新视角[J].财经科学，2001（4）：110-113.

［126］张天勇，韩璞庚.多元协同：走向现代治理的主体建构[J].学习与探索，2014（12）：27-30.

［127］张笑菡.共建共治共享理念下的农村社会发展路径[J].人民论坛·学术前沿，2020（17）：116-119.

［128］张雪，王刚.影响公民参与项目制建设的因素研究——基于Q市"美丽乡村"项目的实证检验[J].山东行政学院学报，2016（5）：49-55.

［129］张艳，张勇.乡村文化与乡村旅游开发[J].经济地理，2007（3）：509-512.

［130］张彰.村落保护的可持续性研究[D].天津：天津大学，2016.

［131］张众.乡村旅游相关利益主体角色、定位及合作模式[J].农业经济，2014（6）：88-89.

［132］赵承华.乡村旅游开发模式及其影响因素分析[J].农业经济，2012（1）：13-15.

［133］郑昌辉.多利益主体视角下的乡土聚落景观演变研究——以徽州西溪南村为例[D].北京：北京大学，2021.

［134］郑易生.自然文化遗产的价值与利益[J].中国园林，2002（2）：26-28.

［135］住房和城乡建设部办公厅，文化和旅游部办公厅，国家文物局办公室，财政部办公厅，自然资源部办公厅，农业农村部办公厅.住房和城乡建设部办公厅等关于做好第六批中国传统村落调查推荐工作的通知 [EB/OL].[2022-07-25]https://www.mohurd.gov.cn/gongkai/fdzdgknr/zfhcxjsbwj/202207/20220725_767319.html.

［136］周乾松.我国传统村落保护的现状问题与对策思考[N].中国建设报，2013-01-29（3）.

［137］朱晓翔.我国古村落旅游资源及其评价研究[D].开封：河南大学，2005.

［138］邹统钎，李飞.社区主导的古村落遗产旅游发展模式研究——以北京市门头沟爨底下古村为例[J].北京第二外国语学院学报，2007（5）：78-86.

［139］左冰.旅游增权理论本土化研究——云南迪庆案例[J].旅游科学，2009，23（2）：1-8.